사랑하는 _____

소중하고 가치 있는 존재로 당신을 지으신 하나님이
사랑과 은혜로 당신의 가정을 인도해주시길 기도합니다.

년   월   일

당신의 소중한 _____

사랑해서 결혼한 당신에게

사랑해서 결혼한 당신에게

지은이 | 김숙경
초판 발행 | 2024. 4. 9
3쇄 발행 | 2024. 5. 30
등록번호 | 제1988-000080호
등록된 곳 | 서울특별시 용산구 서빙고로65길 38
발행처 | 사단법인 두란노서원
영업부 | 2078-3352 FAX | 080-749-3705
출판부 | 2078-3331

책값은 뒤표지에 있습니다.
ISBN 978-89-531-4821-5 03230

독자의 의견을 기다립니다.
tpress@duranno.com www.duranno.com

두란노서원은 바울 사도가 3차 전도여행 때 에베소에서 성령 받은 제자들을 따로 세워 하나님의 말씀으로 양육하던 장소입니다. 사도행전 19장 8-20절의 정신에 따라 첫째 목회자를 돕는 사역과 평신도를 훈련시키는 사역, 둘째 세계선교(TIM)와 문서선교(단행본·잡지) 사역, 셋째 예수문화 및 경배와 찬양 사역, 그리고 가정·상담 사역 등을 감당하고 있습니다. 1980년 12월 22일에 창립된 두란노서원은 주님 오실 때까지 이 사역들을 계속할 것입니다.

부부 관계 전문가에게 듣는
결혼 생활의 모든 것

사랑해서 결혼한 당신에게

김숙경 지음

두란노

목차

추천사

'사랑.' 이 단어의 익숙함은 언제나 우리로 하여금 '사랑은 참 쉽다'라는 태도를 갖게 했습니다. 사랑을 쉽게만 생각한 우리의 교만과 사랑에 대한 무지는 개인의 삶과 부부의 관계, 가정과 사회 그리고 온 나라를 병들게 했습니다. 이 책을 읽는 동안 우리는 '사랑을 얼마나 몰랐는지' 알게 될 것입니다. 이 책의 가치는 단지 문제를 지적하고 깨닫게 하는 것에 그치지 않고, '그럼 이제 어떻게 해야 하는가?'에 대한 구체적인 실천 방법들과 방향을 제시하는 데 있습니다. 이제 막 사랑을 시작한 사람, 이미 오랜 시간 동안 사랑을 해 오고 있으며 사랑을 잘 안다고 믿는 사람 그리고 새로운 사랑을 찾고 갈망하는 모든 사람에게 이 책을 적극 추천합니다. 책에서 제시하는 대로 따라가다 보면, 자신도 모르는 사이에 변해 있는 것을 발견하게 될 것입니다. 이 책을 통해, 사랑은 명사가 아니라 동사임을 다시 한 번 깨닫게 될 것입니다.

이지웅 목사, 더바이블미니스트리 대표

부르심을 받은 우리에게는 아는 것만큼이나 살아가는 것이 중요하다. 신앙생활이 그렇고, 우리의 자아가 고스란히 드러나는 결혼 생활은 더욱 그렇다. 사랑해서 결혼했지만 생활은 기대와 다르게 흘러가기 마련이다. 그러나 갈등이 심해지면서 자칫 전문가에게 도움을 얻고자 비성경적 가치관을 가진 분에게 의지한다면 하나님이 우리 각자에게 부여하신 '부르심'과는 전혀 다른 목표와 방향으로 재정립될 수 있다. 김숙경 소장은 성경적 가치관에 부합해 사랑과 결혼, 부부 생활의 실체를 진솔하게 파헤치면서도 하나씩 그 대안을 알려 준다. 아는 만큼, 믿는 만큼, 나누고 실행하는 만큼 오늘보다 더 나은 결혼 생활로 성장시켜 줄 저자의 이 책을 한 장, 한 장 같이 읽어 나가길 추천한다. 성경적이면서도 사역 현장에서 쌓인 풍부한 처방 가이드는 반드시 '부부'로 부르신 이유를 깨닫고, 변화되게 할 것이다. 구원이 이루어 가는 것이듯, 부부의 결혼 생활도 주안에서 성숙하고 성화되게 하실 하나님을 기대하게 될 것이다.

이찬수 분당우리교회 담임목사

당신이 어떤 필요에 따라 이 책을 손에 들고 있는지 궁금하다. 나는 추천사를 부탁받고 이 책을 손에 들었다. 처음에는 그랬다. 지금은? 이 책을 통해 나 자신을 점검하고 있다. '나는 어떤 형태의 의사소통을 하고 있는가? 비난형? 회유형? 산만형? 일치형?' '나는 어떤 형태의 성인 애착 유형인가? 불안 애착? 회피 애착? 안정적 애착?' 한편 아내와의 관계도 점검하고 있다. '나는 아내를 바꾸려고 하기보다 배려하고 있는가?' '나는 갈등을 건강하게 해결해 가고 있는가?' 그리고 자녀와의 관계 또한 점검하고 있다. '나는 자녀가 좋아하는 부모, 자녀를 좋아하는 부모인가?' 오늘 아침, 나 혼자만 이 유익을 누릴 수 없어 아내에게 이 책으로 나눔을 하자고 제안했다. 당신이 이 책을 읽다 보면, 깊은 학문적 통찰을 현장으로 녹여 낸 저자의 실제적인 지침과 지혜를 만나게 될 것이다. 부부가 직면한 문제의 돌파구를 보게 될 것이다. 가정이 회복되는 선물 같은 일도 겪게 될 것이다. 무엇보다 함께 하나님께 더 가까이 나아가는 유익을 얻게 될 것이다.

정통령 더세움교회 담임목사

〈새롭게 하소서〉를 4년간 진행하면서 한 게스트도 빼놓지 않고 공통적으로 말한 주제가 '폭력적인 아버지', '폭언을 일삼던 아버지'였습니다. 도대체 무슨 일이 있었기에 이 땅에는 부정적인 아버지들로 가득 차 있는 것일까요? 사랑스러운 아버지, 존경받는 아버지는 없을까요? 그때 제가 다짐한 것은, '아, 내가 그런 아버지가 되어야겠다. 우리 딸들에게 사랑받고 존경받는 아버지가 되어야겠다'는 것이었습니다. 그런데 막상 어떻게 그런 아버지가 되어야 할지 고민이 되었습니다. 그렇게 고민하고 기도하는데, "남편들아 아내를 사랑하며 괴롭게 하지 말라"는 골로새서 3장 19절 말씀이 떠올랐습니다. '그렇다. 아내를 사랑하는 것, 그것이 우리 가정을 바로 세우는 첫째 원칙이다' 하는 생각이 들었습니다. 이 책에는 오랜 시간 부부들의 속마음을 다독이고 하나님이 지으신 가정을 건강하고 바르게 세워 가도록 카운슬링해 온 김숙경 소장님의 전문성과 현장에서 만나 온 부부들의 가슴 아픈 사연들이 담겨 있습니다. 사랑해서 결혼했지만 속마음을 몰라 신음하고 아파하는 부부, 서로 다른 사랑의 언어로 상처 주고 괴로워하는 부부, 원가족으로부터 벗어나지 못해 휘둘리는 부부들에게 꼭 맞는 진단과 처방을 이 책을 통해 찾을 수 있으리라 생각합니다. 사랑해서 아파하는 당신이, 사랑해서 더 행복한 당신이 되기를 기대하며 이 책을 추천합니다.

주영훈 작곡가, 방송인

성도의 가정생활에 대한 따뜻한 환기가 되는 책입니다. 저는 혁신이 필요한 영역이 있고, 환기가 필요한 영역이 있다고 생각합니다. 기술 발전에 있어서는 혁신이 잘 어울리겠지만, 신앙과 삶의 영역에는 따뜻한 환기가 큰 유익이 됩니다. 이 책은 성도의 삶의 중심에 있는 가정생활에 대한 따뜻한 환기입니다. 성경적인 원칙에 견고히 서되 매우 실제적인 조언을 담고 있습니다. 전문가의 향취가 물씬 나면서도, 자신의 경험과 시행착오까지 진솔하게 나눕니다. 초보 부부에게는 따뜻한 선배의 조언이 될 것이고, 상처 입은 베테랑 가정들에는 치유와 회복의 단초가 되리라 기대합니다. 글이 쓴 사람을 닮아 따뜻해서 읽기도 편안합니다. 강의도 엿보았는데 글보다 나은 느낌도 있습니다. 김숙경 소장님의 사역을 응원합니다.

채경락 샘물교회 담임목사

서문

사랑하는 사람과 함께 있고 싶고, 더 많은 것을 공유하기 위해 결혼을 했습니다. 너무도 사랑해서 한 결혼인데, 어느 순간 사람도 변하고 사랑도 퇴색되어 배우자가 미워지고 관계도 힘겨워져 때로는 포기하고 싶은 생각이 들 때도 있습니다. 기억해야 할 것은, 이때가 바로 다시 사랑을 꽃피울 시기라는 것입니다. 생명력 없이 메말라 버린 관계에 다시금 사랑의 꽃을 피울 수 있도록 제대로 사랑을 배워서 부부 관계를 회복할 때입니다. 지난 15년간 부부상담과 강의를 하면서 많은 부부들이 갈등 속에서 사랑으로 회복하기 원하는 마음을 보았습니다. 그 마음들이 결실을 맺기를 소원합니다.

부부는 지속적으로 성장해야 하는 관계입니다. 사랑은 물론, 사람도 성장하고 성숙해 가야 합니다. 소중한 두 사람의 사랑을 꽃피우기 위해 하나님의 사랑으로 채워지고 구원을 이루듯 부부의 관계가 성숙해 가야 합니다.

부부는 안전하고 친밀한 관계를 위해 평생 노력해야 합니다. 상대를 존중하고 격려하며 건강하게 소통할 수 있도록 성장해 가야 합니다. 다시 한 번 두 사람의 사랑의 꽃을 피우도록 노력해야 합니다.

저희 부부도 26년째 결혼 생활을 하면서 친밀한 부부 관계를 이루기 위해 무던히 노력하며 살고 있습니다. 그 결과, 남편과 함께하는 결혼 생활이 저는 가장 안전하고 따뜻합니다. 그리고 순간순간 함께하는 소소한 일상을 통해 행복을 느낍니다.

《사랑해서 결혼한 당신에게》가 사랑을 제대로 하고 싶은 부부, 사랑을 잃어버려 다시 회복하고 싶은 부부, 길을 잃어 방황하고 있는 부부들에게 결혼 생활의 방향을 찾으며 다시 사랑의 꽃을 피울 수 있는 봄과 같은 책이 되기를 바랍니다. 따뜻한 봄 햇살처럼 두 사람의 관계를 회복해 가는 데 도움이 되기를 바랍니다. 결핍된 마음의 마른 우물이 배우자의 사랑을 통해 따뜻함과 온화함으로 채워지고 회복 되기를 바랍니다. 더 나아가 부부 두 사람의 관계뿐 아니라 공동체의 부부 소그룹이 나눔을 통해 함께 성장하는 은혜가 있기를 바랍니다. 이를 위해 부부는 책을 읽은 후 함께 나누고, 공동체는 부록을 활용해 소그룹 활동으로 진행해 보기를 권합니다. 부부와 공동체에 큰 도움이 될 것입니다.

이 책이 출간되기까지 고마운 사람이 참 많습니다. 우선, 저를 사랑으로 치유하고 채워 준 남편에게 고마움을 전합니다. 〈온누리 신문〉에 기고하며 썼던 글의 일부를 이 책에 저의 언어로 사용하도록 아낌없이 나누어 주어서 고맙다는 말도 전하고 싶습니다. 또한 엄마를 자랑스러워하는 아들 민서, 민준이에게도 고마움을 전합니다. 아빠와 엄마를 좋아해 주고 건강하게 자라주어 감사합니다.

이 책이 출간되도록 기도하고 격려해 준 두란노서원에도 깊은 감사를 전합니다. 매번 인생의 소중한 동역자로서 함께하며, 좋은 책으로 오래 읽히도록 최선을 다해 만들어 주셔서 고맙습니다. 그리고 따뜻하고 사랑스러운 그림으로 책을 빛나게 해 준 사랑하는 동역자, 권윤주 작가님께도 감사의 인사를 드립니다. 작가님의 그림이 제 글에 따뜻함과 사랑을 입혀 주었습니다.

변함없는 사랑으로 저를 아끼고 격려해 준 소중한 동역자들에게도 깊은 감사를 드립니다. 그리고 상담을 통해 회복과 성장의 실제를 보여 준 부부들과 그들을 만나 강의할 수 있도록 기회를 준 교회들에도 감사를 전합니다. 회복과 치유, 성장이 있는 부부들로 살아가도록 최선을 다해 돕겠습니다.

　마지막으로, 하나님의 마음을 품은 따뜻한 가족치료사가 되도록 언제나 저를 사랑으로 인도해 주신 하나님께 감사를 드립니다.

2024년 4월
사랑해서 결혼한 아내, 김숙경

결혼 만족도 검사지

1. 나는 결혼 생활에 대해 긍정적인 생각보다 부정적인 생각이 더 많이 든다.

5	4	3	2	1
매우 그렇다	그렇다	보통이다	아니다	전혀 아니다

2. 배우자와 나는 서로에 대해 더 알아 가는 것을 원하지 않는다.

5	4	3	2	1
매우 그렇다	그렇다	보통이다	아니다	전혀 아니다

3. 나는 결혼한 것을 후회한다.

5	4	3	2	1
매우 그렇다	그렇다	보통이다	아니다	전혀 아니다

4. 배우자는 나를 지치고 힘들게 한다.

5	4	3	2	1
매우 그렇다	그렇다	보통이다	아니다	전혀 아니다

5. 나는 결혼 생활을 그냥 유지하고 있는 것 같다.

5	4	3	2	1
매우 그렇다	그렇다	보통이다	아니다	전혀 아니다

6. 나는 결혼 생활 동안 몸도 아프고 마음도 힘들어졌다.

5	4	3	2	1
매우 그렇다	그렇다	보통이다	아니다	전혀 아니다

7. 나는 배우자를 보면 화가 나고 짜증이 난다.

5	4	3	2	1
매우 그렇다	그렇다	보통이다	아니다	전혀 아니다

8. 나는 배우자로서의 역할이 부담스럽고 어렵다.

5	4	3	2	1
매우 그렇다	그렇다	보통이다	아니다	전혀 아니다

9. 나는 결혼 생활이 빨리 끝났으면 좋겠다.

5	4	3	2	1
매우 그렇다	그렇다	보통이다	아니다	전혀 아니다

10. 배우자는 특정한 일로 나를 매우 화나게 만든다.

5	4	3	2	1
매우 그렇다	그렇다	보통이다	아니다	전혀 아니다

11. 나는 결혼 생활을 잘해 보려고 노력했지만 지쳤다.

5	4	3	2	1
매우 그렇다	그렇다	보통이다	아니다	전혀 아니다

12. 나는 배우자에게 별로 관심이 없다.

5	4	3	2	1
매우 그렇다	그렇다	보통이다	아니다	전혀 아니다

13. 나는 배우자와 관계가 좋지 않다.

5	4	3	2	1
매우 그렇다	그렇다	보통이다	아니다	전혀 아니다

14. 나는 배우자와 소통이 되지 않는다.

5	4	3	2	1
매우 그렇다	그렇다	보통이다	아니다	전혀 아니다

15. 나는 배우자를 신뢰하기 어렵다.

5	4	3	2	1
매우 그렇다	그렇다	보통이다	아니다	전혀 아니다

16. 나는 성생활에 만족하지 않는다.

5	4	3	2	1
매우 그렇다	그렇다	보통이다	아니다	전혀 아니다

17. 나는 배우자와 친밀감이 부족하다.

5	4	3	2	1
매우 그렇다	그렇다	보통이다	아니다	전혀 아니다

18. 나는 결혼 생활의 방향을 잃은 것 같다.

5	4	3	2	1
매우 그렇다	그렇다	보통이다	아니다	전혀 아니다

19. 나는 가사 분담으로 배우자와 자주 싸운다.

5	4	3	2	1
매우 그렇다	그렇다	보통이다	아니다	전혀 아니다

20. 나는 결혼 생활에 만족하지 않는다.

5	4	3	2	1
매우 그렇다	그렇다	보통이다	아니다	전혀 아니다

점수 해석 방법

20-40점 : 결혼 생활이 건강하게 유지되고 있음

41-60점 : 결혼 생활에 대한 만족도가 양호함

61-80점 : 결혼 생활에 대한 불만족이 누적되어 있음, 구체적인 성장을 위해 변화를 시도해야 함

81-100점: 결혼 생활에 대한 불만족도가 매우 높음, 결혼 생활을 개선하기 위해 적극적인 노력을 시도해야 함

＊ 이것은 절대적인 검사가 아닙니다. 부부 관계의 만족도를 점검하고 서로의 성장과 변화를 모색하기 위한 도구로 사용된 검사입니다.

하나님은 부부가 즐겁게 살기를 바라고 명하셨습니다.

수고로이 살아가는 삶에서 부부가 즐겁게 사는 것이

헛되지 않다고 말씀해 주셨습니다.

부부가 즐겁게 살아가는 것이 목표가 된다면

긴 시간의 결혼 생활이

그리 지루하거나 지겹지는 않을 것입니다.

1

결혼의 목적

당신의
돕는 배필이 될게요

부부, 서로를 돕는 배필

결혼에 대한 환상만으로 분명한 목적 없이 결혼을 한다면 결혼 생활에서 부딪히는 많은 일을 제대로 처리하지 못하고 관계를 그만두게 될 것입니다. 행복하려고 한 결혼인데 어려움과 힘든 일들로 불행함을 느낄 때 결혼에 대한 회의를 가질 수도 있습니다. 핑크빛 로맨스를 꿈꾸기보다 결혼을 설계하신 하나님의 의도와 목적을 분명히 안다면, 결혼 생활에서 부딪히는 수많은 일을 의미 있게 받아들이고, 결혼 생활을 유지해 갈 힘을 얻으며, 부부가 한 방향으로 걸어갈 수 있을 것입니다.

결혼의 중요한 목적은 성화를 목표로 한 성장과 성숙입니다. 결혼을 디자인하신 하나님의 의도는 부부가 함께 살면서 예수님의 사랑과 섬김과 희생과 헌신을 경험하며, 그분의 성품을 닮아 가는 것입니다. 이처럼 성장과 성숙, 사랑하고 헌신하는 것이 결혼 생활을 디자인하신 결혼 설계자의 주요한 의도라고 확신한다면 결혼을 바라보는 시각과 인식의 변화가 생길 것입니다. 결혼 생활에서 경험하는 불편함과 어려움에 대해서도 부정적으로만 바라보지 않게 될 것이며, 자신의 섬김과 희생, 헌신과 사랑이 얼마나 어설픈지도 볼 수 있을 것입니다.

이를 위해 배우자와 자녀들을 위하여 기꺼이 사랑하고, 섬기고, 희생하고, 헌신하는 태도를 결혼 생활에 적용해 보는 것이 중요합니다. 배우자를 섬기고, 청소를 하고, 분리 배출을 하고, 아이를 돌보고, 밥을 하는 모든 일이 중요하다는 것입니다. 이기적인 태도가 아닌 이타적인 태도로 가족들을 사랑하고 섬길 수 있기를 바랍니다. 결혼 설계자이신 하나님 앞에서 다시금 결혼 생활을 재정비하는 시간을 가지면서 배우자와 함께 성장하고 성숙해 가는 여정을 시작해 보십시오.

결혼의 또 하나의 목적은 부부가 즐겁게 살아가는 것입니다.

"네 헛된 평생의 모든 날 곧 하나님이 해 아래에서 네게 주신
모든 헛된 날에 네가 사랑하는 아내와 함께 즐겁게 살지어

다 그것이 네가 평생에 해 아래에서 수고하고 얻은 네 몫이니라"(전 9:9).

하나님은 부부가 즐겁게 살기를 바라고 명하셨습니다. 수고로이 살아가는 삶에서 부부가 즐겁게 사는 것이 헛되지 않다고 말씀해 주셨습니다. 부부가 즐겁게 살아가는 것이 목표가 된다면 긴 시간의 결혼 생활이 그리 지루하거나 지겹지는 않을 것입니다.

이를 위한 몇 가지 팁이 있습니다. 먼저는, 영적인 즐거움을 함께 누리는 것입니다. 믿음 안에서 서로 하나님을 알아 가는 기쁨을 누려 보십시오. 함께 예배하고 말씀을 보며 기도하는 시간을 통해 하나님을 알아 가고, 그 하나님을 공유하는 기쁨을 누려 보십시오. 가끔 남편이 말씀을 나누어 줄 때가 있습니다. 그럴 때면 하나님에 대한 친밀함이 느껴지면서 남편에 대한 마음이 더욱 좋아집니다. 또한 어려운 상황을 놓고 함께 기도하다 보면 부부가 더 가까워진 느낌을 받습니다. 하나님 안에서 서로 성장해 가는 기쁨을 누립니다.

혹시 배우자가 신앙이 없거나 믿음이 약하다면 그런 배우자를 무시하고 비난하기보다, 정서적 즐거움과 성적 즐거움을 먼저 누려 볼 것을 권합니다. 간혹 배우자가 신앙이 없다는 이유로 부부가 함께하는 것들까지 포기하는 경우가 있습니다. 신앙을 전부로 여기지 말고, 신앙 이외에 정서적, 육체적인 영역에서도 부부의 친밀함을 누릴 수 있음을 기억하고 영적인 영역은 잠시 마음의 선반 위에 올려 둔 채 다른 영역에 집중해 보십시오.

한 예로, 늘 교회만 중요시하고 자신과는 시간을 보내지 않는 아내로 인해 기독교에 대해 부정적인 마음을 가졌던 남편이 아내가 자신과 시간을 보내면서 자신을 존중하고 귀히 여겨 주자 아내와 함께 신앙생활을 시작할 수 있게 되었다는 간증을 했습니다. 배우자와 신앙의 차이가 있다면 일상의 삶에서 배우자를 더 귀히 여기며 좋은 것들을 함께 해 보십시오.

다음으로는, 정서적인 즐거움을 누리는 것입니다. 부부가 함께 데이트를 하거나 재미있는 것을 하면서 정서적인 기쁨을 누려 보십시오. 대화도 하고 유머도 나누면서 정서적으로 편안한 그리고 연결감을 갖는 부부가 되어 보십시오. 부부 관계는 지속적으로 노력하지 않으면 멀어지고 단절될 수 있습니다. 그러지 않기 위해 시간과 마음을 써서 함께 좋은 것을 해 보는 것이 중요합니다. 하루에 10분 이상 대화를 나누기, 함께 산책하기, 외식하기, 카페 가기, 취미 생활 함께 하기, 운동하기, 예능 보며 웃기, 책 읽고 나누기, 소소한 대화하기 등 부부가 정서적으로 친밀해질 수 있는 것을 함께 해 보기를 권합니다.

성적인 즐거움도 중요합니다. 부부에게 선물로 주신 성적 즐거움을 마음껏 누려 보십시오. 성적인 영역을 아주 소홀히 여기고 경시하는 사람들이 있는데, 하나님이 부부에게 주신 특권인 만큼 성적인 즐거움을 마음껏 누리도록 서로 대화하고 노력하기를 바랍니다.

결혼 생활이 오래될수록 서로에 대한 기대가 사라지면서 함께하는 것을 귀찮아하거나 그냥 거리가 있는 채로 적당히 사는 것을 편하게 여기는 이들이 있습니다. 그런 결혼 생활이 수십 년간 지속된다면 얼마나 재미없고 지루할까요? 지금 배우자와 즐겁게 할 수 있는 쉬운 한 가지를 먼저 시작해 보십시오. 같이 산책을 하거나, 노래를 부르거나, 카페에 가거나, 영화 또는 재미있는 영상을 보며 깔깔대고 웃어 보십시오.

중년 부부들은 그냥 살던 대로 사는 것이 편하다고 하지만, 사실 마음 깊은 곳에는 배우자와의 친밀함의 경험을 갈망합니다. '그냥 대충 살지, 뭘 또 노력하느냐'면서 관계를 포기하지 마십시오. 당신 안의 진정한 욕구를 무시하지 말고, 배우자와 함께 재미있고 즐거운 것을 하면서 하나님이 즐겁게 살라고 하신 말씀을 실천하며 살기를 바랍니다.

결혼의 또 하나의 목적은, 편안함을 누리고 쉼을 얻으며 위로받기 위해서입니다. 남편과의 결혼 생활에 연애 때처럼 가슴 뛰는 일은 없지만, 저를 가장 편안하게 보일 수 있는 안전한 사람이 있다는 것이 위안이 됩니다. 집에 들어가면 일단 편안합니다. 편안하기에 남편과 아이들과 함께 그 안에서 쉼을 누릴 수 있습니다. 다른 사람하고는 누릴 수 없는 가족만의 편안함, 쉼, 위로가 있습니다. 그래서 행복을 누리지 않는 날에도, 가슴 설레는 관계가 아니어도 부부로서 만족하고 살아가게 됩니다.

당신과 배우자가 서로 편안하고 위로를 얻는 관계라면, 그것만으로도 당신의 결혼 생활은 충분히 괜찮은 것입니다. 남편과 25년 넘게 살고 있지만, 살면 살수록 좋은 것은 남편이 가장 안전하고 편안해서입니다. 어려움이 있을 때 가장 위로해 주는 사람도 남편입니다. 남편도 저와 함께하는 것을 가장 편안해하고, 저에게서 쉼과 위로를 얻습니다. 분명한 것은, 살아갈수록 더 편안한 관계가 부부라는 것입니다. 이런 쉼과 위로, 편안함을 서로에게 줄 수 있으면 좋겠습니다.

결혼의 목적은 마지막으로, 서로의 필요를 채우고 보완해 주는 돕는 배필로서의 역할을 감당하기 위해서입니다. 부부는 서로를 있는 그대로 존중하면서도 상대의 필요와 결핍을 채우고 보완하는 배우자로서 함께 살아가는 관계입니다. 배우자를 위해 기꺼이 헌신하고 희생할 수 있는 돕는 배필의 역할을 감당하는 것입니다.

> **배우자와 즐겁게 살기 위해**
>
> 일주일 안에 적용할 수 있는 것
> 예) 예능 보고 웃기, 1회 10분 대화하기(소소한 일상 나누기), 함께 예배드리기, 함께 게임하기, 손잡기
>
> 한 달 안에 적용할 수 있는 것
> 예) 매주 1회 10분 이상 대화하기, 1회 이상 산책하기, 1회 외식하기, 1회 카페 가기, 책 읽고 나누기, 연애 때 데이트했던 장소 가 보기, 연극이나 영화 한 편 보기, 함께 큐티하고 나누기, 함께 기도하기, 친밀한 성관계 갖기
>
> 1년 안에 적용할 수 있는 것
> 예) 취미 생활 함께 하기, 운동 같이 하기, 책 읽고 나누기, 1회 이상 여행하기, 단기 선교 같이 가기, 다양한 성관계로 즐거움 누리기

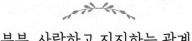

부부, 사랑하고 지지하는 관계

"그리스도를 경외하는 마음으로, 서로 예의 바르고 공손하게 대하십시오. 아내 여러분, 그리스도를 지지하는 것처럼 남편

을 이해하고 지지해 주십시오. 남편은 … 아내를 좌지우지하지 말고 소중히 여기십시오. … 아내를 사랑하는 일에 전력을 다하십시오"(엡 5:21-25, 《메시지》).

부부의 서로에 대한 태도에 대해 성경은 그리스도를 경외하는 마음으로 서로 예의 바르고 공손히 대하라고 말씀하십니다. 더 쉽게 말하면, 배우자를 친절하게 대하라는 말씀입니다. 다른 사람에게는 친절하지만, 배우자와 자녀들에게는 친절하게 대하기가 쉽지 않은 우리에게 하시는 말씀입니다. 이 때 기억할 것은, 주님께 하듯 하라는 것입니다. 이는 가장 따뜻하게 대해야 할 대상이 가족이라는 것입니다. 배우자와 가족에게 가장 친절하게 대하라는 말씀입니다.

먼저, 아내는 그리스도를 지지하는 것처럼 남편을 이해하고 지지하라고 하십니다. 주님을 믿는 태도로 남편을 대하라는 것입니다. 아내가 자신을 믿고 지지해 줄 때, 남편은 힘을 얻고 자존감이 올라갈 것입니다. 예를 들어, 남편이 퇴근하고 집에 왔을 때 "여보, 수고했어. 애썼어"라고 말하는 것, 남편이 집안일을 했을 때 "여보, 잘했어. 고마워"라고 말하는 것이 지지하는 것입니다. 그리고 남편이 자신의 감정을 이야기할 때 공감하며 "당신, 힘들었겠다" 하고 감정을 읽어 주는 것이 이해하는 것입니다. 남편들도 아내를 통해 공감 받고 싶어 합니다. 사실 남편들은 자신의 마음을 안전하게 나눌 사람이 많지 않기에 아내에게 자신의 마음을 나누기를 원합니다. 그런 남편의 마음을 읽어 주십시오. 남편의 감정을 이해해 주고, 남편이 하는 일을 지지하고 칭찬해 주십시오.

남편은 아내를 소중히 여기고 사랑하는 일에 전력을 다하라고 하십시오. 아내를 제일 소중히 여기십시오. 다른 여자보다 더 친절하게 대하고 소중히 여겨야 합니다. 아내를 사랑한다는 것은 아내의 마음이 어떤지를 자주 물어 봐 주는 것입니다. "오늘 당신, 기분이 어때? 마음이 어때?" 그러면서 아내의 필요를 묻고 그것을 기꺼이 채워 주는 것입니다. "당신, 뭐 필요해? 내가 무엇을 도와줄까?" 가끔 아내가 좋아하는 것을 사 들고 퇴근해 보십시오. 아내가 좋아하는 선물이나 음식을 사 들고 들어가면 아내는 감격할 것입니다. 아내가 집안일을 하고 있을 때 무엇을 도울지 물어보고 해 주면 아내는 감동할 것입니다. 아내들은 남편이 물을 때 친절하고 자세히 알려 주십시오. 살아온 세월이 얼마인데 그것도 모르냐는 식으로 비난하지 말고, 친절하게 말하며 남편에게 도울 기회를 주십시오.

부부는 다른 사람들 앞에서 자신의 배우자를 높여 줘야 합니다. 배우자를 높이는 것이 결국은 자신을 높이고 빛나게 하는 것입니다. 배우자를 '이 인간, 원수, 마누라, 여편네' 등으로 비하하는 말은 결국 자신도 비하하는 것이 되고 맙니다. 배우자를 높여 주고, 배우자에게 가장 공손하고 예의 바르게 대하십시오.

우리는 가장 친절한 말과 태도로 배우자를 존중해야 합니다. 부부 간에 존중이 지속될 때 부부의 친밀감은 더욱 견고해질 것입니다. 서로가 익숙하다고 생각할수록 자신도 모르게 배우자의 마음을 살피지 않고 상처 되는 말을 내뱉는 경우가 있습니다. 존중하지 않고 깎아내리는 말과 행동을 통해 섭섭한 마음을 갖게 되면 배우자에 대한 불편감과 불만과 화가 점점 내면에 쌓이게 됩니다. 이때 이러한 감정을 건강하게 해소하지 않으면 회복하기 무척 어려운 관계가 됩니다.

배우자를 향한 따뜻한 눈빛, 부드러운 터치, 배우자를 먼저 배려하는 태도로 존중을 나타내십시오. 또한 교회나 직장에서 다른 사람을 존중하고 그들에게 친절을 보이기 이전에 배우자와 자녀들을 존중하고 가족에게 친절하게 대해 주십시오. 그것이 결국 당신 자신도 존중받고 높임을 받게 되는 길임을 기억하기 바랍니다.

아내에게 하기 좋은 질문 세 가지

- 오늘 당신, 마음(기분)이 어때?
- 내가 무엇을 도와줄까?
- 당신에게 필요한 게 뭐야?

남편을 지지해 주는 말

- 여보, 수고했어.
- 정말 잘했어.
- 고마워.
- 당신이 최고야.
- 당신이 해 주니까 좋아.

자녀들을 존중하는 말

- 고마워.
- 잘하고 있어.
- 이 정도면 충분해.
- 사랑해.
- 네 생각은 어떠니?
- 네 마음은 어떠니?
- 무엇을 도와줄까?

성경적 떠남의 의미

창세기 2장 24절은 "이러므로 남자가 부모를 떠나 그의 아내와 합하여 둘이 한 몸을 이룰지로다"라고 말씀합니다. 부부가 하나 됨을 이루기 전에 우선적으로 필요한 것은 '떠남'입니다. 부모로부터 건강하게 독립하는 과정이 필요합니다.

성경적 떠남에는 세 가지 중요한 의미가 있는데, 첫째는 '분리됨'입니다. 부모로부터 '분리되는 과정'이 필요합니다. 이때 충분한 애착을 경험한 사람이 부모로부터 건강하게 분리되어 떠날 수 있습니다. 부모와 충분히 애착된 상태에서 건강한 개인으로 성장한 이후에 부모를 떠나 새로운 이성과 만나 결혼하는 것이 바람직한 떠남과 연합입니다. 반면 건강하지 못한 분리됨은 부모와의 관계가 좋지 않거나 갈등이 많은 상태에서 튕겨져 나가는 것입니다. 이런 사람은 대개 부모와 분리되거나 단절되는 것에 어려움을 느끼지 않습니다. 오히려 가정에서 떠나고 싶은 마음이 간절해 간혹 결혼을 삶의 탈출구로 여기기도 합니다. 부모로부터 벗어나고 싶어서 결혼을 선택한 경우는 떠남을 잘 이룬 것 같지만, 건강한 떠남과 분리라고 보기는 어렵습니다.

한 자매가 부모와 사는 것이 너무 힘들어 탈출구로 결혼을 선택했습니다. 하지만 결혼 생활도 너무 고통스러워 괴로워했습니다. 부모를 떠나 살면 괜찮을 줄 알고 결혼을 선택했는데, 부모와의 관계에서 받은 상처를 잘 해결하지 못한 상태에서 준비되지 않은 결혼을 했기에 어려움을 겪게 되었습니다. 하지만 자신의 가정이 원가족(原家族, 태어나서 자라 온 가정)처럼 되는 것을 원치 않아 상담을 받으며 건강한 분리를 하고 있습니다.

한 부부는 강의를 듣고 부모로부터 물질적 분리가 되지 않았음을 깨달아, 부모로부터 받는 물질을 거절하고 두 사람의 힘으로 살기로 결단했습니다. 그 결단이 너무 멋지지 않습니까? 감사하게도 이 부부는 부모와의 거리를 잘 유지하며 자녀 둘과 함께 친밀한 가정을 이루어 잘 지내고 있습니다.

부모로부터의 독립이 쉬운 것 같지만 쉽지 않은 이유는, 부모의 사랑이라는 이름의 간섭과 통제가 따라서입니다. 힘들더라도 부모로부터의 독립은 분명하게 되어야 합니다.

성경적 떠남의 두 번째 중요한 의미는 '버림'입니다. 익숙해 있던 삶에서 결혼이라는 새로운 관계를 맺기 위해서는 버릴 수 있는 용기와 결단이 필요합니다. 물론 좋은 것까지 버리라는 의미는 아닙니다. 자신이 받았던 좋은 것은 유산으로 여기고, 수용하고, 발전시키는 것이 필요합니다. 하지만 결혼 생활을 어렵게 하는 부정적인 것들이 있다면 과감하게 버릴 수 있어야 합니다. 왜곡된 인식, 표현하지 못하는 사랑, 막혀 있는 대화 방식 등이 그것입니다. 한 예로, 독단적인 부모의 모습을 보고 자라서 자신도 모르게 독단적인 성격이 자리를 잡고 있다면 과감하게 버릴 수 있는 결단이 필요합니다. 우리는 결혼 생활에 유익하지 않은 습성과 문화, 습관들이 무엇인지를 돌아보고 버릴 수 있는 단호함을 가져야 합니다.

성경적 떠남의 세 번째 중요한 의미는 '느슨함'입니다. 원가족과 느슨한 관계를 갖는 것이 떠남의 의미에 포함됩니다. 이것은 담을 쌓고 살아가라는 의미가 아닙니다. 강하게 결속되었던 부모 및 형제자매와의 관계를 느슨하게 하라는 의미입니다. 원가족과는 느슨한 관계를 유지하고, 결혼을 통해 한 몸을 이룬 배우자와는 더욱 단단한 결속을 맺어야 합니다.

경계선을 생각해 볼 수 있습니다. 정서적으로 건강하다는 의미에는 자신과 타인 사이에 경계선을 잘 긋는다는 의미가 포함되어 있습니다. 부모와 자녀의 관계에도 경계선이 필요합니다. 그리고 경계선을 서로 인정해 주어야 합니다. 이렇게 자신도 인정하고, 상대방도 인정해 주는 것을 느슨한 관계라고 할 수 있습니다. 경계선 없이 살아왔던 관계라면 경계선을 그어 가는 것이 서로에게 속박되지 않고 건강하게 살아갈 수 있는 방법입니다.

아들을 수고하며 키운 한 어머니가 아들을 떠나보내지 못하고 지속적으로 아들을 당신 곁에 두고 싶어 했습니다. 아들도 자신을 위해 애쓰며 살아온 어머니의 인생을 알기에 아내보다 어머니를 더 우선시했습니다. 아내는 이런 남편이라면 자신을 지켜 주기 어려울 거라는 생각이 들어 헤어져야겠다는 마음을 갖게 되었습니다. 그런 아내의 마음을 알게된 남편은 상담을 신청했고, 상담을 통해 어머니와는 관계의느슨함을 갖고 아내와는 단단한 결속을 맺기로 약속했습니다. 서운하고 섭섭한 마음은 어머니의 감정이기에 감정의 경계선을 그었고 할수 있는 만큼의 도리만을 하기로 했습니다. 무엇보다 아내 편에서 아내와의 관계를 단단히 하기 위해 노력했습니다. 그 결과 지금은 아내와 친밀한 결혼 생활을 하고있습니다.

남자와 여자가 결혼해서 한 몸을 이루어 연합하기 위해서는 원가족으로부터의 '떠남'이 온전하게 이뤄져야 합니다. 떠남은 배우자를 우선시하고 서로의 친밀한 관계를 위해 노력하는 태도입니다. 어렵고 힘들더라도 하나님의 말씀 앞에 원가족을 건강하게 떠나는 멋진 믿음의 결단을 해 보십시오.

우리는 가장 친절한 말과 태도로
배우자를 존중해야 합니다.
부부 간에 존중이 지속될 때
부부의 친밀감은
더욱 견고해질 것입니다.

일상에서 이루어지는 부부의 대화에는

사소한 내용으로 치부할 것이 없습니다.

모든 대화는 귀를 기울여야 할

중요하고 의미 있는 것들입니다.

2

사랑의 언어

당신의 감정에
귀 기울일게요

소통의 기술을 익혀라

소통의 중요한 기술 중 하나는 상대의 말을 집중해서 잘 듣는 것, 곧 '경청'입니다. 경청은 상대방의 마음을 얻는 최고의 방법으로, 서로의 마음을 연결해 주어 친밀감을 갖게 합니다. 이때 필요한 태도는, 상대방에 대한 호기심과 궁금증을 갖고 듣는 것입니다. 또한 상대를 있는 그대로 수용하려는 존중의 마음을 갖는 것입니다. 이처럼 서로를 배려할 때 경청하기가 쉽습니다.

이때 잘 경청했는지 확인하기 위해 필요한 것이 '반영' (mirroring)입니다. 이는 상대방의 말을 그대로 받아 주는 것으로서, "당신이 ○○한 것이라고 들었는데, 내가 잘 이해했어?" 라고 반영해 주는 것입니다. 이렇게 경청에 따르는 반영만 잘 해도 서로 오해가 생기지 않고 관계가 지속될 수 있습니다.

그다음은 '공감'입니다. 공감은 대화에서 매우 중요한 요소입니다. 공감은 서로의 관계를 더 가깝게 이끌 뿐 아니라 치유적인 역할도 합니다. 공감은 다소 감정적이고 정서적인 면이 있어 상대방의 입장에서 느끼고 이해해야 하는 특성이 있습니다. 때문에 부부 사이에 공감이 되지 않으면 배우자가 서운함이나 단절감을 느끼는 것은 물론, 갈등이 유발될 수도 있습니다.

공감이 이루어지면 부부의 감정과 정서적 대화가 깊어집니다. 서로에 대한 이해와 수용, 더 깊은 친밀감과 하나 됨을 경험할 수 있습니다. 또한 공감을 통해 문제와 갈등 상황에 휩쓸

공감하기 위해 필요한 감정 단어

고마운, 감사한, 기쁜, 고요한, 뿌듯한, 짜릿한, 편안한, 행복한, 흐뭇한, 희망찬, 흥분되는, 기대되는, 감격스러운, 그리운, 뭉클한, 신나는, 즐거운, 흡족한, 후련한, 황홀한, 따뜻한, 벅찬, 개운한, 통쾌한, 너그러운, 감동 되는, 만족스러운, 홀가분한, 안심되는, 안전한, 설레는, 허무한, 화난, 피곤한, 고통스러운, 놀란, 지친, 우울한, 답답한, 두려운, 불안한, 겁나는, 무기력한, 초조한, 비참한, 실망한, 낙담된, 억울한, 외로운, 위축되는, 조급한, 지겨운, 짜증나는, 걱정되는, 허전한, 공허한, 후회되는, 쓸쓸한, 무서운, 힘든, 당황스러운, 지루한, 서운한, 섭섭한, 막막한, 슬픈, 긴장되는, 귀찮은, 난처한, 창피한, 혼란스러운, 의심스러운, 측은한, 절망적인, 불쌍한, 부러운, 서러운, 어색한, 거북한, 무시되는, 쑥스러운

리지 않고 그것을 객관적으로 바라보는 힘을 얻게 됩니다. 자신의 틀과 생각을 내려놓고 상대방의 신발을 신은 것처럼 그 입장에 서 본다면 상대방의 감정을 읽어 주는 것이 수월할 것입니다. 무던히 배우자의 입장에 서 보십시오. 그리고 감정을 읽어 주십시오.

마지막으로는 '말하기'입니다. 배우자가 잘 들을 수 있을 때 부드럽고 친절하게 하고 싶은 말을 하는 것입니다.

나는 _____ 상황일 때 _____ 감정이에요.

왜냐하면 _____

내 필요는 _____

예를 들어, "내가 보낸 문자에 답장이 없을 때 서운해요. 왜냐하면 사랑받지 못하는 것 같아서요. 내가 바라는 것은, 늦더라도 답장해 주는 거예요"라고 건강하게 말하는 것입니다.

부부는 소통을 통해 더 친밀해집니다. 서로 주거니 받거니 하는 소통을 지속적으로 연습해서 소통의 기술을 익혀 가기 바랍니다.

말하지 않으면 모른다

"결혼 연차가 꽤 쌓인 부부입니다. 남편에게 공감을 받고
싶은데 마음을 읽어 달라고 해도 잘 못합니다. 마음을 읽어
달라고 하면 자리를 피합니다. 그런 남편을 보면 더 외롭고
서러워서 이 결혼을 유지해야 하나 고민이 됩니다. 남편에
게 어떻게 하면 공감을 받을 수 있을까요? 그리고 어떻게
해야 남편의 마음을 알 수 있을까요?"

연애 때는 나름 공감해 준다고 생각했던 남편이 결혼 후 공감
불능의 모습을 보였습니다. 대화가 통하지 않았습니다. 저는 공
감을 절대적으로 원하는데 남편은 저와의 대화를 힘들어했고,
저는 남편과의 대화가 답답했습니다. 벽을 보고 이야기하는 것
같았습니다. 그런데 저희 부부뿐 아니라 대부분의 부부 관계에
서 갈등을 가장 많이 보이는 것이 공감의 영역인 것 같습니다.

부부의 결혼 만족도에 영향을 미치는 다양한 요소 중 매우 중
요한 것이 부부의 감정 표현입니다. 감정이란 어떤 현상이나 일
에 대해 느끼는 기분으로서, 부부 사이에 감정 표현이 소원해
지면 결혼 만족도가 낮아질 수 있습니다. 그래서 부부의 의사

소통에 있어서는 자신의 감정을 나누고, 배우자가 느끼는 감정을 듣고 공감하는 것이 필요합니다. 지식과 정보는 전달되었지만 감정이 전달되지 않으면 부부 관계는 건조해질 수 있습니다.

자신이 느끼는 감정을 적절한 언어로 표현하지 못하는 것을 '감정 표현의 불능'이라고 합니다. 감정 표현의 불능인 상태에서는 자기 안에서 일어나는 다양한 감정을 분별하기가 어렵습니다. 분노, 당황, 외로움, 행복, 즐거움, 기대 등의 감정을 민감하게 인식하지 못하기 때문입니다. 감정을 표현하는 것 또한 어렵습니다. 그렇기에 감정과 생각을 구분하는 연습과 감정을 잘 인식하고 표현하는 방법을 배우는 것이 중요합니다.

특히 남자들은 감정을 인식하고 표현하는 것이 쉽지 않은 환경에서 성장하는 경우가 많습니다. 어렵게 자신의 감정을 표현했더라도 수용 받는 긍정적인 경험이 부족한 성장 환경을 갖고 있을 것입니다. 남편 역시 저에게 '외로움을 느끼고 있다'는 감정을 표현하기까지 오랜 시간이 걸렸습니다. 외로움이 자신 안에 있다는 것을 인정하고 싶어 하지 않았습니다. 남편은 그런 감정을 표현하는 것이 매우 나약하다고 생각했고, 외로움은 의지로 이겨야 할 감정일 뿐, 그 감정을 표현하면 서로를 힘들게 한다는 선입견을 가지고 10년 이상 결혼 생활을 했습니다. 누구에게도 쉽게 표현할 수 없었던 외로움이라는 감정을 정말 힘들게 표현했을 때 저는 정말 고마웠고, 남편의 그 감정을 공감해 주었습니다. 매우 쑥스러워했지만, 남편은 그것을 따뜻한 경험으로 기억합니다. 그 후로도 감정을 나누는 경험들을 해 보면서 저희 부부 관계는 더 친밀해졌습니다.

'감정 표현의 불능'에서 '감정 표현의 유능'으로 바뀌기 위한 몇 가지 방안을 제안하고 싶습니다. 그중 첫째는, 의사소통에 있어서 감정의 중요성을 인식하는 것입니다. 감정에 대한 인식이 바뀌면 감정을 소중하게 다룰 수 있기 때문입니다. 감정은 현재 자신이 가장 중요하고 민감하게 느끼며 경험하는 것입니다. 당신 안에 일어나는 변화를 집중해서 관찰해 보십시오. 감정에는 욕구가 있습니다. 좌절된 욕구나 원하는 욕구가 무엇인지를 찾고 표현하는 것이 필요합니다. 한 예로, 가족이 생일에 축하해 주기를 바랐는데 그 욕구가 좌절되면 서운함이라는 감정이 생기게 됩니다.

둘째는, 배우자에게 감정을 표현해 보는 것입니다. 서로가 무엇을 경험하고 느끼는지를 나누는 것이 중요합니다. 부부가 감정적으로 충분한 교감을 나누면 깊은 공감이 생깁니다. 예를 들어, "오늘 너무 힘들었어", "잘 안 될까 봐 걱정돼", "무슨 일이 날까 봐 불안해", "아무도 없는 것 같아 외로워", "혼자 있으니까 좀 우울해", "생일인데 아무도 몰라주니 서운해" 등의 감정을 담담히 표현해 보십시오. 자신의 감정을 표현하면 배우자에 대한 공격, 비난, 조롱을 하지 않고 대화를 이어 갈 수 있습니다.

셋째는, 감정을 표현해 자신의 필요가 무엇인지를 나누는 것입니다. 욕구에는 필요가 있습니다. 앞서 언급했던 예를 다시 한 번 들어 보겠습니다. 생일인데 아무도 몰라줘서 서운했다면 어떤 필요가 있었던 것일까요? 가족의 축하와 작은 선물 또는 편지라도 받고 싶었던 것입니다. 이럴 때는 이렇게 말해 보십시오. "생일인데 그냥 지나가니 서운했어. 왜냐하면 가족 중 아무도 기억하지 못해서 내가 중요한 사람이 아닌 것 같은 생각이 들었거든. 하루 지났지만 생일 축하 받고 싶어."

넷째는, 서로의 감정을 충분히 긍정하고 수용해 주는 것입니다. 감정 표현이 어려운 것은 성장 과정과 환경에서 충분히 수용되는 경험을 하지 못했기 때문입니다. 따라서 배우자가 자신의 솔직한 감정을 마주하고 나눌 수 있도록 무시하거나 정죄하지 않고 수용하는 자세가 필요합니다. "당신, 힘들었겠다", "그래, 불안하고 우울하겠다", "아무도 몰라주어 서운했겠다"라고 말하며 배우자가 말하는 감정을 그대로 반영하면서 수용해 주십시오.

결혼 생활을 오래했다고 해서 상대를 잘 안다고 착각하지 마십시오. 말하지 않아도 알 것이라고 생각하지 마십시오. 말을 해야 알고, 제대로 이해할 수 있습니다. 감정으로 대화를 나누는 연습을 조금씩 해 보고, 배우자가 감정을 표현하는 것이 어려울 때 비난하지 말고 격려하며 기다려 주십시오.

> ### 감정 일기 쓰는 법
>
> - 나를 기분 좋게 한 사건 또는 사람이 있는가?
> - 나를 불안하고 힘들게 한 사건 또는 사람이 있는가?
> - 오늘의 감정을 표현해 보라.
> - 오늘 수고한 나에게 해 주고 싶은 격려의 말이 있는가?
> - 오늘 감사한 일은 무엇인가?

따뜻한 대화를 하고 싶어요

"결혼 전에는 남편이 따뜻한 눈빛으로 바라봐 주고 대화를 많이 했는데, 지금은 눈도 잘 안 맞추고 말도 잘 안 합니다. 남편이 저를 사랑하지 않는다고 느껴져서 저도 남편에게 차갑게 말하고 화를 내게 됩니다. 남편과 예전처럼 따뜻한 대화를 하고 싶은데, 어떻게 하면 좋을까요?"

여자는 사랑하는 사람과 소통하는 것을 중요하게 여깁니다. 저도 남편과의 결혼을 결정했던 이유 중 하나가 소통이 잘 되어서였습니다. 신혼 초까지는 서로 마주 보고 대화하는 시간이 많았고, 그 시간이 매우 좋았습니다. 하지만 자녀를 양육하며 둘 다 일을 하다 보니 대화하는 시간도 줄고, 그 시간마저도 예전처럼 좋은 느낌이 들지 않아서 이유 없이 남편에게 퉁명스럽게 말하거나 화를 낸 적이 많았습니다. 저의 내면의 욕구는 남편과의 소통을 원하는 것이었지만, 제가 더 차갑게 대하다 보니 남편도 저를 점점 피하면서 대화가 줄어들기 시작했습니다.

에릭 번(Eric Berne)의 '교류분석'은 부부 관계를 포함한 대인관계에 나타나는 의사소통, 관계 형성, 유지 패턴을 이해하는 데 있어 스트로크(stroke)를 강조합니다. 스트로크는 대인관계에서 주고받는 말, 인사, 스킨십, 칭찬, 부드러운 말투, 눈빛 등 의사소통의 포괄적인 개념입니다. 스트로크는 언어적/비언어적, 긍정적/부정적, 무조건적/조건적으로 나누어집니다.

부부 관계에서는 정말 다양한 스트로크를 주고받습니다. 부부 관계가 친밀하다면 언어적, 비언어적, 긍정적, 무조건적인 스트로크를 주고받습니다. 따뜻한 눈빛으로 배우자를 바라보고, 부드러운 말투로 감사와 사랑을 주고받습니다. 하지만 부부 관계에 갈등이 생기거나 서로 친밀하지 않은 상태가 되면, 부부는 서로 부정적이고 조건적인 스트로크를 주고받게 됩니다. 배우자를 세워 주고 격려하고 인정하기보다는 비난하고 조롱 섞인 말을 하거나 신뢰하지 않는다는 메시지를 보냅니다. 그러다 보면 자연스럽게 눈빛이 차가워지고, 말투가 딱딱해집니다. 특히 갈등이 폭발해서 부부 싸움을 할 경우, 부부는 서로의 언어와 행동에서 무수히 낯선 것들이 나오는 것을 경험하게 됩니다. 차가운 눈빛, 한심하게 바라보는 태도, 화로 가득한 얼굴 표정 등이 그것입니다. 이런 부정적인 스트로크의 결과는 부부 관계의 단절입니다. 이를 회복하기 위해서는 많은 수고와 대가가 필요합니다.

우리는 자신의 현재 상태를 세심하게 살펴볼 필요가 있습니다. 배우자를 차가운 말투와 눈빛으로 대하고 있지는 않은지, 배우자를 인정하거나 격려하기보다 비난하거나 책망의 어투로 대하고 있지는 않은지, 배우자의 자존심에 상처를 주는 행동이나 말을 하고 있지는 않은지 돌아봐야 합니다. 대인 관계 스트로크는 어린 시절부터 형성된 것이기에 하루아침에 바뀔 수 있는 것은 아니지만, 충분히 변화가 가능합니다. 자신의 연약함을 인정하고, 배우자와 긍정적이고 무조건적인 스트로크를 주고받는 연습을 한다면, 결혼 관계는 더욱 견고하고 친밀하게 세워져 갈 것입니다.

앞의 사례의 경우, 아내는 남편을 비난하기보다 자신의 필요를 먼저 따뜻하게 전하는 것이 필요합니다. "나는 당신과 마주 보고 대화했던 시간이 참 기쁘고 좋았어. 지금도 나는 당신의 눈을 보면서 대화하고 싶어. 하루에 5분만이라도 서로의 눈을 보며 대화하는 시간을 가질 수 있을까?"라는 긍정적인 스트로크로 전하는 것이 좋습니다.

긍정적인 스트로크를 사용해서 부부가 친밀감을 누리기 위해 필요한 가장 기본적인 작업은, 자신의 자존감과 자아상을 건강하게 세우는 것입니다. 자신을 수용적으로 사랑스럽게 여길 수 있어야 배우자도 사랑스럽고 귀하게 여길 수 있습니다. '나'도 괜찮고, '당신'도 괜찮은 관계가 되어야 합니다. 하나님은 우리를 진심으로 사랑하고 용납하십니다.

"너의 하나님 여호와가 너의 가운데에 계시니 그는 구원을 베푸실 전능자이시라 그가 너로 말미암아 기쁨을 이기지 못하시며 너를 잠잠히 사랑하시며 너로 말미암아 즐거이 부르며 기뻐하시리라 하리라"(습 3:17).

긍정적인 스트로크를 강화하기 위해 먼저 하나님이 당신을 얼마나 사랑하고 계시는지를 깊이 묵상해 보십시오. 하나님 께서는 당신과 당신의 배우자를 수용하고, 용납하며, 있는 그 대로 받아들이고 사랑하십니다. 존재를 사랑하십니다. 당신 도 배우자의 존재를 있는 그대로 수용하고, 그 존재를 귀하게 여기십시오. 서로의 관계에서 칭찬, 사랑, 감사, 따뜻한 눈빛, 가벼운 포옹 등이 인색했다면, 오늘부터 할 수 있는 작은 것부 터 표현함으로 부부 관계를 견고하게 세워 가기 바랍니다.

> **스트로크 체크해 보기**
>
> - 부정적인 스트로크: 차가운 눈빛, 한심하게 바라보는 태도, 비 난, 조롱, 경멸, 무시, 딱딱한 말투, 책망, 조절되지 않는 화 등
>
> - 긍정적인 스트로크: 따뜻한 눈빛, 존중하는 태도, 감사, 요청, 사랑, 칭찬, 가벼운 포옹, 부드러운 말투 등

경청, 가장 지혜로운 조언

"남편과 대화를 할 때 제 이야기를 끝까지 들어 주면 좋을 텐데, 끝까지 들어 주지 않으니 서운해요. 이야기를 시작하

려 하면 '그래서? 어떻게 되었다는 거야? 결론만 말해'라고 하니 말하기가 싫어집니다. 제 이야기에 집중하고 들어주기를 바라는 건데, 잘 듣지도 않고 자꾸 해결하거나 답을 주려고 합니다. 제가 원하는 것은 해결이나 답이 아니라, 과정을 나누면서 그 시간을 함께 보내는 것인데, 답을 주려는 남편과 어떻게 대화해야 할까요?'"

남자들은 길거나 맥락 없는 이야기를 끝까지 잘 들어 주는 것이 쉽지 않다고 합니다. 과정이 길어질수록 듣기가 어려워 결론이 무엇인지를 알고 싶어 하는 것입니다. 또한 남자는 해결해 줄 때 자신의 역할을 다한 것으로 생각합니다. 그러다 보니 아내의 이야기에서 해결책을 찾으려 합니다. 답이나 해결책을 주는 것을 아내를 위한 일이라고 생각하는 것입니다. 남편들이 알아야 할 것은, 아내들은 답이나 해결책을 원하지 않는다는 것입니다. 아내들은 남편과의 대화를 통해 친밀감 혹은 연결감을 느끼고 싶어 합니다. 이런 차이가 있다는 것을 수용하는 남편은 아내에게 섣불리 답을 주지 않을 것입니다.

부부는 결과뿐 아니라 과정도 공유하는 관계임을 인지해야 합니다. 결과 혹은 목표를 이루는 것도 중요하지만, 그 결과에 도달하기까지 두 사람이 마음에 상처를 주지 않고 존중을 유지하면서 과정을 밟아 가는 것도 중요합니다. 결정과 목표를 이루기까지 부부는 서로 많은 대화를 하는데, 그 가운데 서로 관심을 주고받는 과정이 필요한 것입니다. 소소하게 대화하고 서로에게 관심을 주면서 부부는 사랑과 친밀함을 경험하게 됩니다. 그렇기에 배우자의 반복된 질문에는 기다려 주는 마음과 여유를 가지고 대하는 노력이 필요합니다.

남편에게 같은 질문을 계속하는 아내가 있었습니다. 그러는 이유는, 마음에 합당한 대답을 듣고 싶어서였습니다. 이는 어쩌면 채워지지 않는 그 무엇인가를 채우고자 하는 욕구이거나, 반복된 질문과 반복된 대답을 통해 심리적 안정을 경험하기를 원하는 것이거나, 자신의 선택에 대한 인정과 지지를 받고자 하는 것일 수도 있습니다.

아내로부터 매일 "날 사랑해?"라는 반복되는 질문을 받는 사람이 있을 것입니다. 또 남편으로부터 자주 "나 잘했어?"라는 질문을 받는 사람이 있을 것입니다. 자주 반복되는 질문에 배우자가 빈정거림, 무관심한 태도, 무뚝뚝한 말투로 반응한다면 상대 배우자의 마음이 상할 것입니다.

저는 가끔 남편에게 어떤 옷이 잘 어울리는지, 어떤 시계가 잘 어울리는지 한동안 같은 질문을 했었습니다. 계속되는 질문에 남편은 인내하면서 나름 성실하게 답변해 주었습니다.

그런데 답변을 듣고 남편이 선택한 것이 아닌 제가 원하는 것을 선택하자 남편은, "그럴 거면서 왜 물어봐?" 하고는 약간 짜증을 냈습니다. 그래서 저는 이렇게 말했습니다. "나는 이 과정을 통해 당신과 소통하고 당신에게 관심을 받으려는 것이지, 답을 원한 것은 아니었어." 그러자 그다음부터는 질문 뒤에 하는 선택에 "그래, 잘했네", "잘 선택했네" 하며 반응해 주었습니다. 만일 "아니, 계속 물어보더니 결국 자기가 하고 싶은 대로 결정하네. 그럴 거면 뭐 하러 물어봤어?"라는 식의 비난 섞인 대답을 했다면 마음이 많이 상했을 것입니다. 대화에도 성실히 임하고, 자신의 기대와 다른 결정을 하더라도 저의 결정을 지지하고 인정해 줘서 고마웠습니다.

일상에서 이루어지는 부부의 대화에는 사소한 내용으로 치부할 것이 없습니다. 모든 대화는 귀를 기울여야 할 중요하고 의미 있는 것들입니다. 부부의 대화는 결과와 함께 과정도 매우 중요하므로 과정을 함께 만들어 가기를 바랍니다.

딱 잘라서 단호하게 말하거나 결론을 미리 던져 버리는 유형의 대화는 부부의 연결감을 상실하게 만들기에 적절하지 않습니다. 소소한 대화라도 청자와 화자의 역할에 충실하면서 상호 소통이 원활하게 이루어지는 관계가 되도록 노력해 보십시오.

당신의 의사소통 유형은 무엇인가

많은 부부가 갈등 상황에 사용하는 언어는 일상적인 언어와 다르다는 것을 알 것입니다. 의사소통 전문가인 버지니아 사티어(Virginia Satir)는 갈등 상황에 따른 의사소통 유형을 다섯 가지로 정리했습니다.

첫째는, '비난형'(Blaming)입니다. "네가 잘못한 거야, 너 때문이야"라는 말로 상대를 계속 비난하는 유형입니다. 자신과 상황은 중요하고 상대는 중요하지 않기에 잘못을 상대에게 따지는 것입니다.

둘째는, '회유형'(Placating)입니다. 모든 잘못이 자신에게 있다고 생각하는 유형입니다. 그래서 자주 "내가 잘못했어, 당신을 기쁘게 하기 위해 뭐든지 할게"라고 말합니다. 타인과 상황이 중요하고 자신은 중요하지 않기에 늘 자신의 감정과 욕구를 누릅니다. 자기 돌봄이 안 되는 유형입니다.

셋째는, '초이성형'(Computing)입니다. 합리적이고 논리적이고 이성적이어서 "생각해 봐, 사실을 말해 봐, 논리적으로 말해 봐"라는 말을 자주 합니다. 상황만 중요하고 자신과 타인은 중요하지 않게 생각하는 유형입니다.

넷째는, '산만형'(Distracting)입니다. 말 그대로 산만해서 한 가지 주제에 집중하지 못하는 유형입니다. 횡설수설하거나 대화의 주제를 계속 바꾸며, "나 좀 내버려 둬, 혼자 있게 해 줘"라는 말을 자주합니다. 자신과 타인과 상황을 모두 고려하지 않는 유형으로, 산만형의 배우자는 집중해서 대화하기가 어렵습니다.

다섯째는, '일치형'(Leveling)입니다. 이는 성장을 위해 배워야 할 소통법으로, 말 그대로 생각과 감정을 일치되게 말하는 것입니다. 일치형은 자신과 타인과 상황을 모두 고려합니다. 그러면서 자신이 생각하고 느끼는 것을 상대에게 일치되게 말합니다. 이는 자존감이 높아지는 소통법으로, 쉽게 상처 받지 않습니다. 상대가 자신의 의견을 거절해도 건강하게 받습니다.

예를 들어 보겠습니다. 배우자와 마트에서 장을 보다가 만나기로 한 장소가 엇갈렸는데 전화도 받지 않아 20분간 헤매고 다녔을 경우, 각 유형별 반응은 다음과 같습니다.

비난형 "당신 때문에 지금까지 헤맸잖아. 왜 전화를 안 받아? 그리고 장소를 정확히 말했어야지. 당신이 잘못 알려 줘서 이게 뭐야?"

회유형 "내가 장소를 잘못 말했네. 미안해. 내가 잘못했어. 당신 많이 힘들었지? 내가 짐 다 들고 갈게. 당신은 그냥 와."

초이성형 "마트에서 만나기로 한 장소는 적절하지 않았어. 정확하게 이해하기 어려운 상황이었어. 연락도 되지 않았던 이 상황이 이해가 안 돼. 마트에서 따로 다니는 것은 합리적이지 않아."

산만형 "우리 밥 먹으러 갈까? 뭐 먹을까? 우리 그냥 커피 마실까? 나온 김에 영화 볼까?"

일치형 "장소가 서로 헷갈려서 불편하고 연락이 안 돼서 답답했겠다. 나도 힘들었는데 당신도 힘들었지? 약속 장소가 분명하지 않았네. 다음부터는 서로 정확하게 확인하고 약속하자."

갈등 혹은 스트레스 상황에 자신과 상대방, 상황을 잘 고려해서 생각을 왜곡되지 않고 일치되게 전하는 연습을 해 보십시오. 하루아침에 되지는 않을 것입니다. 갈등을 잘 해결하기 위한 일치형의 대화로 배우자와 소통해 보기를 바랍니다.

분노의 표출은 건강하게

분노는 누구나 느낄 수 있는 자연스러운 감정이기에 분노가 있다는 것을 애써 부인할 필요는 없습니다. 오히려 누구나 분노의 감정을 경험하고, 자신도 그럴 수 있다고 인정하는 것이 좋습니다. 분노는 관계의 역동 가운데 경험하는 경우가 훨씬 많은데, 우연히 던진 배우자의 말 한마디가 숨겨져 있던 섭섭함, 미움, 서글픔 등의 부정적 감정을 건드리면서 분노로 표출되는 것입니다.

누구나 분노의 감정이 일어날 수 있고, 관계 안에서 증폭될 수 있습니다. 중요한 것은, 분노하게 하는 근원적인 원인을 찾는 것입니다. 분노는 일반적으로 2차 감정이라고 불립니다. 분노는 표현된 양상이고, 숨어 있는 진짜 감정이 있습니다. 기대가 좌절되거나 불안할 때, 상처가 건드려졌을 때 화가 나는 경우가 그런 예입니다. 분명한 것은, 분노는 언젠가 관계 안에서 드러난다는 것입니다. 그래서 분노는 건강하게 표출되어야 합니다.

"노하기를 더디 하는 자는 크게 명철하여도 마음이 조급한 자는 어리석음을 나타내느니라"(잠 14:29).

　배우자와의 관계에서 분노는 조절되어야 합니다. 너무 힘들어 분노가 조절되지 않는다면, 자신에게 맞는 방법을 찾아야 합니다. 자리를 피하기, 깊은 호흡하기, 타임아웃(time-out), 잠시 걷기, 차 마시기, 말씀 기억하기, 생각 전환하기, 자동적 사고 파악하기 등 자신에게 효과적인 방법을 활용하는 것이 도움이 될 것입니다.

　저의 경우는 불안할 때 화가 나고 조절이 잘 안 되었습니다. 그럴 때마다 사용한 방법은, 먼저 그 상황을 피하고 깊은 호흡을 한 후 화가 난 원인을 찾으며 오랜 시간을 걷는 것입니다. 그 후에 화가 조절되면 상대방에게 화가 난 원인에 대해 말하는 것입니다. 화를 조절하지 못하면 상대에게 깊은 상처를 주고, 때로는 위협적인 행동까지 하게 되므로 방법을 모색해서 무던히 연습해야 합니다. 자신과 사랑하는 가족을 보호하기 위해 화는 반드시 조절된 상태에서 표현되어야 합니다.

　화를 조절하지 못하는 남편이 있었습니다. 집에 오면 집안이 정리가 되기를 바랐는데 그렇지 못할 때마다 화를 냈습니다. 아내는 그런 남편을 볼 때마다 얼음이 되었습니다. 친정 아버지가 늘 화를 내셔서 너무 무서웠는데, 남편이 화를 낼 때마다 무서워서 사라지고 싶었습니다.

그 사실을 알게 된 후, 남편은 왜 화가 났는지를 설명하고 앞으로 화부터 내지 않고 자신의 감정을 먼저 말로 전하겠다고 했습니다. 그러자 아내도 남편의 마음을 이해했고, 그 감정을 받아 주었습니다. 사랑하는 가족에게 당신의 감정을 말로 전하십시오.

부정적 생각에 대한 대안적 관점 만들어 보기

- 어떤 부정적 상황이 있었는가?
- 그때 어떤 생각이 들었는가?
- 내 감정은 어떠했는가?
- 긍정적 가능성을 찾을 대안적 관점은 무엇일까?

화가 나는 이유에 대해 생각하고 적어 보기

- 나는 ＿＿＿＿＿＿＿＿＿＿ 때 화가 난다.

예) • 배우자가 나를 무시할 때 화가 난다
  • 퇴근하고 집에 갔을 때 집이 정리되어 있을 줄 알았는데 기대가 좌절될 때 화가 난다.
  • 부모님이 방치하셨던 것처럼 배우자가 나를 방치할 때 화가 난다.

- 화가 날 때 나는 ＿＿＿＿＿＿＿＿＿＿ 방법을 해 보겠다.

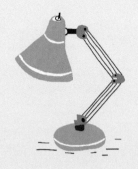

모든 대화는 귀를 기울여야 할
중요하고 의미 있는 것들입니다.
부부의 대화는 결과와 함께
과정도 매우 중요하므로
과정을 함께 만들어 가기를 바랍니다.

하나가 된다는 것은
서로의 고유함을 인정하고 존중하면서
서로의 친밀함을 위해 노력한다는 의미입니다.
배우자를 바꾸려고 하거나
자신의 뜻과 생각의 틀에 가두는 것이 아닌,
있는 모습 그대로를 수용하고 존중하면서
함께하는 즐거움과 친밀함을 누리는 것입니다.

3

존중과 배려

나와 다르지만
그런 당신이 좋아요

서로에게 충실한 연합을 이루라

부부가 하나 된다는 의미에 대해 서로 맞추어 사는 것이라고
생각하는 사람이 있습니다. 서로 맞추어 사는 것으로 이해해 각
자의 고유함은 무시한 채 상대에게 맞추려고 애를 쓰곤 합니다.

사실 하나가 된다는 것은 서로의 고유함을 인정하고 존중
하면서 서로의 친밀함을 위해 노력한다는 의미입니다. 배우
자를 바꾸려고 하거나 자신의 뜻과 생각의 틀에 가두는 것이
아닌, 있는 모습 그대로를 수용하고 존중하면서 함께하는 즐
거움과 친밀함을 누리는 것입니다. 나 자신처럼 배우자를 귀
하게 여기고, 아껴 주며, 평생 함께 사랑으로 부부 관계를 지
켜 가겠다는 헌신과 희생의 결단의 의미입니다.

연합에는 '고아서 합침'이라는 의미가 있습니다. 이는 접착

제로 붙인 것처럼 붙여 놓았다는 뜻입니다. 이 연합은 배우자 한 사람에게 평생 충실할 것을 결정하는 사랑입니다. 이는 사랑보다 더 큰 사랑이라 할 수 있습니다. 때문에 연합에는 헌신과 약속이 필요합니다. 또한 수고하는 애씀이 있습니다. 배우자를 위해 기꺼이 수고를 감당하겠다는 것입니다. 예를 들면, 집 안을 청소하고, 설거지하고, 아이를 돌보고, 분리 배출을 하면서 그 수고를 감당하는 것입니다. 이 연합은 각자의 고유함과 다름을 존중하고 인정하는 것에서부터 출발합니다.

한 몸이 된다는 것에는 성적인 하나 됨의 의미 외에 자신의 감정, 생각, 소망, 슬픔, 두려움, 성공, 실패 등 벌거벗은 자신의 민낯을 보여 주는 것 그리고 그런 배우자를 부끄럽지 않게 대한다는 의미가 포함되어 있습니다. 배우자의 있는 모습 그대로를 수용하고 사랑할 수 있는 성숙함이 필요합니다. 또한 배우자와 가장 진솔하고 편안하게 나눌 수 있는 안전함이 필요합니다. 이런 안전함은 부족한 모습을 너그러운 사랑으로 받아 주는 배우자가 있을 때 생깁니다.

하나님은 당신이 우리를 사랑하신 것처럼 배우자를 사랑하라고 하십니다. 이 사랑을 알려 주고 부어 주실 하나님께 배우자를 이처럼 사랑할 수 있게 해 달라고 기도하고 배우자에게 그 사랑을 나누십시오.

바꾸려고 하기보다 배려하라

저와 남편은 많은 부분에 있어 서로 다릅니다. 저는 주도적이고, 남편은 수동적입니다. 남편은 아주 신중해서 스피드하게 움직이거나 결정하지 않습니다. 반면에 저는 결정이 쉽고, 새로운 것을 시도합니다. 이런 다름으로 인해 갈등이 자주 생겨나는 남편이 저는 답답하게 느껴졌고, 남편은 제 속도를 따라올 수 없어 힘겨워했습니다.

이처럼 성향이 다른 부부는 어떻게 살아야 할까요? 상대를 바꾸려 하지 말고, 서로의 다름을 이해하고 존중하며, 상대를 배려하는 가운데 함께 조율할 수 있는 노력이 필요합니다. 성향은 잘 바뀌지 않습니다. 저의 주도성은 바뀌지 않지만, 저는 남편을 위해 때로는 기다려 주는 노력을 하고 있습니다. 남편도 속도를 빠르게 할 수 없고 새로운 것을 추구하는 것이 어렵지만, 제가 하고자 하는 일에 함께해 주려고 노력합니다.

저는 또한 계획하는 것이 어렵고, 늘 변화가 쉽습니다. 반면에 남편은 계획적이고, 루틴대로 움직이는 것을 편안해하며, 스케줄이 틀어지는 것을 어려워합니다. 그러다 보니 제가 갑자기 어디로 가자고 하면 남편은 당황스러워합니다. 이런 저희가 서로를 배려하기 위해 저는 갑자기 하고 싶은 것이 있어도 남편이 어려워하면 그 일을 조금 미루어서 하려고 하고, 남편은 스케줄에 없지만 제가 갑자기 하자고 하는 일이 있으면 의지를 내서 함께해 줍니다. 서로를 바꾸려고 주장하기보다 상대를 배려하고 기꺼이 감당하는 것입니다.

저는 또한 외향적이고, 남편은 내향적입니다. 저는 사람을 오래, 많이 만날수록 에너지를 얻습니다. 반면에 남편은 혼자 오랜 시간을 보낼수록 에너지를 얻습니다. 저희 부부는 이렇게 다르지만, 저는 남편을 배려하며 필요할 경우에만 사람들을 만나게 되었고, 남편도 저의 지인들을 만나는 일에 더 마음을 쓰고 노력하게 되었습니다.

저는 또한 감정형이고, 남편은 사고형입니다. 감정이 풍부한 저는 감정에 따라 움직입니다. 반면에 남편은 사고형이라 감정에 둔한 편입니다. 모든 것을 사고로 결정하는 남편에게 저는 감정보다 생각을 묻고, 남편은 저에게 기분을 물어봐 줍니다. 함께 살면서 저는 사고하는 힘을 길렀고, 남편은 감정을 표현하게 되는 성장을 이루었습니다. 저희 부부는 다른 부분이 많지만, 서로를 그대로 존중해 주려고 합니다.

배우자를 바꾸려 하지 말고, 다름을 인정하고 존중해 주십시오. 나답게 살되 상대를 위해 기꺼이 배려할 수 있도록 노력해 보십시오. 부부는 이런 노력이 있을 때 함께 사는 것이 어렵지 않고, 서로에게 성장의 기회를 주게 됩니다.

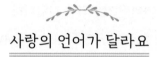

사랑의 언어가 달라요

"아내는 제가 사랑을 주어도 사랑받는다고 느끼지 않습니다. 저는 아내를 정말 사랑해서 아내와 함께 있으려고 하는데, 아내는 저를 밀어내고 그만 옆에 있으라고 합니다. 저는 아내와 함께하고 싶은데, 어떻게 하면 아내가 제 사랑을 받아 줄까요?"

어떤 언어로 사랑하느냐가 중요합니다. 사람은 저마다 제 1의 사랑의 언어가 있습니다. 그것은 마음속 깊은 곳의 애정과 헌신을 표현하게 하고, 진실한 사랑을 받고 있다고 확신하게 해 줍니다. 문제는 사람마다 사랑의 언어가 다르다는 것입니다. 그렇기에 사랑은 상대가 원하는 것을 해줄 때 가 닿습니다.

저희 부부도 사랑의 언어가 달라서 오해했던 적이 있습니다. 신혼 초, 저의 사랑의 언어는 '함께하는 시간'이었고, 남편은 '칭찬과 인정하는 말'이었습니다. 저는 남편과 함께 있으려고 했고, 남편은 오랜 시간을 함께하면 힘들어했습니다. 저는 남편이 저를 사랑하지 않는 줄 알았습니다. 그리고 남편은 제가 칭찬이나 인정하는 말을 해 주지 않으니 사랑을 느끼지 못했습니다. 중년인 지금 저의 사랑의 언어는 '봉사'입니다. 남편이 저를 위해 칼질을 해 줄 때 저는 사랑받는다고 느낍니다. 남편의 사랑의 언어는 '따뜻한 스킨십'입니다. 지금은 서로의 사랑의 언어대로 사랑해 주고 있습니다.

사연 속 남편의 사랑의 언어는 '함께하는 시간'입니다. 아내와 함께할 때 사랑받는다고 느껴 함께하려는 것입니다. 하지만 아내의 사랑의 언어는 '봉사'입니다. 남편이 집안일을 해 줄 때 자신을 사랑한다고 느낍니다. 이들은 서로의 사랑의 언어에 대해 나눈 후 상대가 원하는 사랑을 자신이 줄 수 있는 만큼 주기 시작했습니다. 남편은 아내를 위해 분리 배출과 청소를 하고, 아내는 남편과 하루에 30분의 시간을 집중해서 가졌습니다.

많은 부부가 사랑의 언어가 달라서 사랑을 느끼지 못하고 있습니다. 다음 표에 각자가 원하는 사랑의 언어가 무엇인지 체크한 후 배우자에게 구체적으로 알려 주십시오. 서로의 사랑의 언어를 알고 그 사랑을 채워 주어 사랑의 탱크를 채워 가기 바랍니다.

중요하게 여기는 순서대로 체크한 후(2순위까지) 배우자의
것과 비교해 보세요.

남편		아내
	칭찬, 인정, 격려의 말	
	충분한 대화	
	정서적인 안정감	
	개인의 성장을 격려 받음	
	친밀한 스킨십, 성관계	
	매력적인 모습	
	봉사, 집안일	
	구체적인 선물	
	재정적인 안정감	
	함께 시간을 보냄(취미, 여가 등)	

내가 당신에게 원하는 사랑은 ＿＿＿＿＿＿＿＿＿＿＿＿＿＿＿＿＿

당신을 위해 내가 해 줄 수 있는 사랑은 ＿＿＿＿＿＿＿＿＿＿＿＿＿

타임아웃을 외치라

저희 부부는 10년간 갈등 및 스트레스 상황에서 서로 해결하는 방식이 달라 정말 힘들었습니다. 저는 남편을 붙잡고 매달려서라도 그 자리에서 해결해야 하는데, 남편은 혼자 있어야 해결되는 사람이었습니다. 남편은 매달리는 제가 자신을 괴롭힌다고 생각했고, 저는 혼자 있으려는 남편이 저를 버리는 것 같은 느낌을 받았습니다.

일반적으로 남성들이 취하는 스트레스 해소 방식은 동굴 지향입니다. 부부 사이의 스트레스가 극에 달하면 문제를 해결하기 위해 자리를 떠나 혼자만의 시간을 가지려 합니다. 그에 반해 일반적인 여성들이 취하는 스트레스 해소 방식은 관계 지향입니다. 마음이 상하고 어렵지만, 그래도 남편과의 관계를 해결해 보려고 합니다. 서로 해결하고자 하는 목표는 같지만, 해결 과정과 방식이 다릅니다. 서로의 스트레스 해결 방식을 먼저 이해하고, 동굴 지향이든 관계 지향이든 서로 존중할 필요가 있습니다.

우리는 배우자의 행동과 태도가 보이는 의미를 잘 해석해야 합니다. 남편이 혼자만의 시간을 가지려 하는 것에는 '내가 이 고통스러운 상황에서 잠시 벗어나 잘 정리하고 다시 돌아올게'라는 의미가 내포되어 있습니다. 물론 부부 관계가 심각한 불신의 늪에 빠져 있는 수준까지 포함하는 것은 아닙니다. 어느 정도 관계의 회복력이 있는 범위에서 이해해야 합니다. 남자는 동굴에서 시간을 가지면서 상황을 정리합니다. 마음의 용량에서 넘쳐 버린 격한 감정들을 회수하려 노력하고, 아내와의 갈등 상황을 이성적으로 정리하고 이해하려는 자신만의 시도를 합니다. 감정을 어느 정도 통제할 수 있는 상황이 될 때까지 혼자 정리하는 시간을 갖습니다. 그래서 대부분의 남편들에게는 혼자만의 시간과 공간이 필요합니다. 혼자만의 시간을 충분히 갖게 되면 다시 부부 관계를 향해서 나아갈 수 있기 때문입니다.

관계 지향성이 있는 아내는 자신을 혼자 있게 해 달라는 남편을 붙잡고 문제를 해결하려고 합니다. 이때 남편이 이해해야 하는 것은, 이 행동이 '당신에게 고통의 끝을 맛보게 하겠어'라는 의미가 아니라, '지금 감정이 어렵고 스트레스가 극에 달해 있지만 어떻게든 우리의 관계 안에서 해결하고 다시 친밀감을 회복하길 원해'라는 뜻이 담겨 있다는 것입니다. 서로의 행동의 의미만 잘 이해하더라도 비교적 순조롭게 폭풍의 언덕을 넘을 수 있습니다.

부부 관계에 폭풍이 몰아치기 전에 어떻게 할지 미리 시나리오를 짜 보는 것이 필요합니다. 일반적으로 잘 알려진 방법은 '타임아웃'입니다. 서로 스트레스가 쌓여 부딪힐 때, 분노가 자신의 통제를 벗어나려고 할 때 어느 정도의 타임아웃이 필요한지 미리 이야기해 보는 것입니다. 한 시간이든 두 시간이든, 부부가 함께 정한 시간 동안 각자의 공간에서 조용히 시간을 보내면서 감정을 가라앉히고 생각을 정리한 후 다시 만나 소통하는 것입니다. 충분히 연습하면 실제 상황이 발생했을 때 비교적 쉽게 스트레스로 인한 갈등을 해소할 수 있습니다.

- 타임아웃을 외칠 때 내게 필요한 타임아웃의 시간은?
- 타임아웃을 외칠 때 내가 원하는 장소는?
- 다시 만나 이야기를 할 때 생각과 감정을 정리해서 나누세요.

인간의 성적 욕구는 하나님께서 허락하신
에너지와 선물이며, 결혼 관계 안에서 성관계를 통해
부부의 사랑이 적극적으로 표현되고 채워질 수 있습니다.
부부는 성관계를 통해 서로 즐거움을 누리며
가장 안전하고 따뜻한 수용의 사랑을 경험해야 합니다.

4

부부의 성

당신과의
친밀한 연합이
기대돼요

안전하고 친밀한 성관계

부부는 성을 통해 사랑을 느끼며, 즐거움과 함께 자녀를 잉태하는 기쁨을 누릴 수 있습니다. 부부가 평생 배우자와 지속적인 성관계를 맺을 때, 이들은 서로를 더 사랑하고 신뢰하며, 더 돌봐 주고 싶은 깊은 애정을 느끼게 됩니다. 그렇기에 부부는 성관계를 통해 더욱더 친밀해질 수 있습니다. 그렇다면 안전하고 친밀한 성관계를 위해 부부는 어떤 노력을 기울여야 할까요?

첫째, 부부끼리도 동의가 필요합니다. 예를 들어, "나는 오늘 당신과 친밀한 시간을 보내고 싶은데, 당신, 괜찮아?"라고 물었을 때 배우자가 오케이를 해야 관계를 가질 수 있습니다. "성경에서 자기 몸을 주장하지 말라고 했어"라고 말하며 배우자가 동의하지 않는데도 관계를 강요해서는 안 됩니다.

자신이 원하는 관계의 방식이나 형태에 있어서도 배우자의 동의가 필요합니다. "여보, 이건 좀 아닌 것 같아. 이건 좀 불편해"라고 하면 하지 않아야 합니다. 한 남편이 음란물을 보면서 아내에게 같은 행위를 강요해 아내가 너무 힘들어한 경우가 있었습니다. 아내에게 있어 그 행위는 남편과 사랑을 나누는 것이 아니라, 폭력처럼 느껴졌습니다. 사랑은 무례하지 않고, 자신의 유익을 구하지 않으며, 상대를 배려하고 존중하는 것입니다. 부부에게는 배우자의 동의를 구하는 존중의 사랑이 필요합니다.

한편, 배우자가 동의해야 성적 친밀감을 누린다고 해서 성관계를 지속적으로 거부하는 태도 또한 바람직하지 않습니다. 부부는 성관계를 누릴 수 있는 유일한 합법적 관계이기에 배우자의 요구를 지속적으로 거부하지 말아야 합니다. 몸이 정말 힘들거나, 에너지가 없거나, 원치 않는 형태의 관계로 힘들 시에만 거절하기 바랍니다.

둘째, 통증이 없는 관계가 되어야 합니다. 남편들이 이해하기 어려운 부분일 수 있습니다. 여자는 질액이 충분히 나오지 않으면 말할 수 없는 통증을 느낍니다. 진짜 고통스럽습니다. 통증이 지속된다면 병원 치료를 받아야 하며, 이런 경우에는 윤활제를 사용하는 것이 좋습니다. 아내가 통증을 호소하면 멈추고, 치료 후 편안해질 때까지 기다려 주는 성숙한 태도를 보여 주면 좋겠습니다.

셋째, 부부가 함께 즐거움을 누려야 합니다. 성관계 시에는 두 사람이 함께 즐거움을 누리는 것이 중요합니다. 부부가 친밀감을 누리는 것 중 하나는 둘이서 깔깔대고 웃으며 유치찬란하게 놀 때입니다. 부부의 성관계가 하나의 성과로 끝나는 것이 아니라, 그 과정에서 즐겁고 재미있는 시간을 보내는 것이 필요합니다. 같이 샤워를 하거나 대화하며 서로의 몸을 터치하기도 하면서 놀이처럼 즐거운 시간을 보내십시오. 한 사람만의 욕구 충족을 위한 시간이 아니라 부부 모두 즐겁고 기쁜 시간이 되도록 서로 인식을 달리해서 즐겁게 놀아 보십시오.

넷째, 성에 관한 지속적인 소통이 있어야 합니다. 우리는 성관계를 몸의 대화로만 알고 있는데, 말의 대화도 아주 중요한 요소입니다. 부부가 소통하면서 서로의 필요를 나누어야 합니다. 무엇을 원하고 무엇을 원하지 않는지, 어떤 것이 기쁘고 좋은지, 어떤 것이 불편한지 충분히 대화하며 진행할 수 있어야 합니다. 대화 없이 하는 성관계는 성과 위주로 끝날 수 있습니다. 그러나 대화하면서 기쁨을 주고받을 때, 부부는 더 깊은 친밀감을 누리게 될 것입니다. 말의 소통과 몸의 소통이 원활하게 일어날 수 있도록 노력하십시오.

부부의 성관계는 동의와 통증 없음, 즐거움, 소통이 있을 때 지속적으로 안전함과 친밀함을 누릴 수 있다는 것을 꼭 기억하기 바랍니다.

성에 대해 대화하라

"크리스천들은 성에 대해 좀 조심스러운 것 같습니다. 저는 아내와 다양한 성관계를 하고 싶은데, 아내는 그런 저를 이상하게 생각합니다. 하나님이 누리라고 주신 성인데, 왠지 더 요구하면 제가 이상한 사람으로 여겨져서 아내와의 관계가 기쁘지 않습니다. 크리스천 부부도 다양한 관계를 가지면 안 되나요? 자꾸만 거절하는 아내로 인해 마음이 상합니다."

성에 대한 내용을 건강하게 배우기보다 영상이나 잘못된 경로를 통해 배우는 경우가 많다 보니 성관계에 대해 부정적이고 나쁜 인식을 갖는 사람이 많습니다. 특히나 다양한 성행위를 원하는 경우에는 그것을 부정적으로 보는 배우자와 이 부분에 대해 소통하기가 어렵습니다. 이때, 부부가 성에 관련된 대화를 나누기 좋은 대화법이 있습니다.

첫째는, 각자가 갖고 있는 성적인 기대감을 나누는 것입니다. 배우자와 함께 성적인 기대감에 대해 대화를 나누면서 다양한 친밀함을 누리십시오. 환상 혹은 기대가 무엇인지 충분히 나누어 보는 것입니다. 예를 들면, "바다가 보이는 넓은 통유리창이 있는 장소에서 친밀한 시간을 갖고 싶어", "비 오는 날 집이 아닌 다른 곳에서 친밀한 시간을 갖고 싶어" 등 어떤 장소에서 어떤 느낌으로 함께하고 싶은지 성적인 환상과 기대에 대해 나누어 보면 좋습니다.

물론 성적인 기대를 나눈다고 배우자가 다 들어주는 것은 아닙니다. 배우자의 동의를 받아야 합니다. 상대는 배우자가 나누는 성적인 환상에 대해 무시하거나 이상하게 여기지 말고, 수용할 수 있는 한계를 잘 정리해서 말해 주십시오.

둘째는, 성관계 시에 무엇을 원하는지 배우자에게 자세히 알려 주는 것입니다. "내가 성관계 시에 원하는 것은 따뜻한 사랑이야", "당신으로부터 존중받는 거야", "다양한 친밀감을 누리고 싶어", "깨끗이 샤워하고 나서 하고 싶어", "성관계 시

충분한 대화가 필요해"등으로 말해 주십시오.

한 연구소의 조사에 따르면, 섹스리스가 되는 가장 큰 원인은 '동일한 방식의 성관계'라고 합니다. 성적인 환상과 자신이 원하는 성관계의 유형을 대화로 나누는 것은 부부가 계속해서 성적인 친밀함을 갖게 해 줍니다. 성관계하면서 대화를 나누는 것은 중요합니다. 성과가 아닌 친밀함을 누리는 시간이 되게 하십시오.

한편, 성관계를 원하지 않을 때는 건강하게 거절해야 합니다. 지속적인 거절, 차가운 거절은 잘못된 거절의 유형입니다. 지속적인 거절은 계속해서 배우자의 요구를 거절하는 것입니다. 바쁘다고, 피곤하다고, 때로는 어떤 이유도 없이 배우자를 오랜 기간 거절하는 것입니다. 그리고 차가운 거절은 배우자의 마음을 상하게 하면서 거절하는 것입니다. "정신이 있어 없어? 지금 애가 안 자고 있잖아", "내가 피곤한 거 안 보여?", "당신은 성관계 밖에 몰라"라며 배우자의 마음이 상하도록 말하는 것입니다. 배우자를 뿌리치거나 경멸하듯 쳐다보는 것도 차가운 거절에 속합니다. 이는 존재를 거절하는 것 같은 감정을 느끼게 합니다. 이러한 경우에는 자존감이 무너지고 존재가 무시 받는 느낌을 받아 복수를 꿈꾸는 이들도 있습니다.

그러면 따뜻한 거절은 어떻게 하는 것일까요? 배우자의 요청에 "여보, 나와 친밀한 시간을 보내고 싶구나. 나도 그러면 좋겠는데, 오늘은 몸이 너무 피곤하네. 우리 내일 저녁에 친밀한 시간을 가지면 어떨까?" 하고 부드럽게 말하는 것입니다. 배우자에게 거절할 수밖에 없는 이유를 말해 주십시오. 이유도 말하지 않고 거절하면 존재를 거부당하는 느낌을 받게 됩니다. 그리고 언제 할지 다음 약속을 정하십시오.

실제로 계속해서 거절하다가 관계를 맺기가 너무 어려운 부부들이 있습니다. 거절하되 차갑거나 지속적인 거절이 아닌, 배우자의 마음이 상하지 않도록 따뜻한 거절을 하는 것이 좋습니다.

- 배우자와 함께 하기 원하는 성적인 기대는 무엇인가?
- 성관계 시 내가 원하는 것은 무엇인가?
- 부부가 함께 이야기하며 동의할 수 있는 부분과 동의할 수 없는 부분에 대해 솔직하게 나누어 보세요.

성관계, 희생하지 말고 함께하라

"결혼 기간이 길어지면서 성관계를 할 때마다 따뜻한 대화나 정서적인 친밀감은 나누지 않고 성적 필요만 채우는 것 같은 상황 때문에 마음이 어렵습니다. 때로는 의무감으로 성관계를 하는데, 제가 도구가 된 것 같은 기분이 듭니다. 이런 식으로라도 성관계를 꼭 가져야 하는지 고민이 됩니다."

결혼한 부부에게 성관계는 매우 중요한 부분 중 하나입니다. 부부 관계의 전부라고 하기는 어렵지만, 분명 결혼 만족도를 이루는 중요한 요소가 됩니다.

인간의 성적 욕구는 하나님께서 허락하신 에너지와 선물이며, 결혼 관계 안에서 성관계를 통해 부부의 사랑이 적극적으로 표현되고 채워질 수 있습니다. 부부는 성관계를 통해 서로 즐거움을 누리며 가장 안전하고 따뜻한 수용의 사랑을 경험해야 합니다. 그런데 결혼 연차가 늘어나면서 부부 성관계의 불균형을 경험하기도 하고, 성관계의 빈도와 낭만적인 측면에서 신혼 때와는 다른 소원함이 생길 수도 있습니다. 이때 성관계가 소원하고 어색해지면 부부 관계의 불만족이 증폭될 수 있습니다. 때문에 시간이 지날수록 부부의 성관계에도 노력과 경청이 필요합니다. 뿐만 아니라 낮아짐, 배려, 친절, 봉사 등도 필요합니다.

배우자가 원해서 어쩔 수 없이 성관계에 응해 주는 경우가 있습니다. 즐거움이나 친밀함을 경험하는 것이 아니라, 의무감으로 성관계를 맺는 것입니다. 어쩔 수 없이 성관계를 수용해 주고 나면 심리적으로 처지 비관, 배우자에 대한 분노, 낮은 자존감으로 인한 우울감 등을 느낄 수 있습니다. 어떻게 인식하고 수용하느냐에 따라 사랑과 섬김을 실천한 아내 혹은 남편이 될 수도 있고, 희생만 당한 우울한 배우자가 될 수도 있습니다.

결국 부부의 성관계는 자존감, 결혼에 대한 신념과 밀접하게 연관됩니다. 서로 오해나 불만이 생기지 않도록 세심하고 깊은 대화가 필요합니다.

부부의 성관계는 육체적인 연합뿐 아니라 감정 및 정서적으로도 밀접하게 교류하는 깊은 수준의 의사소통 과정입니다. 원활한 의사소통을 위하여 자신의 필요와 기대, 불편한 점을 어려움 없이 표현할 수 있는 관계가 되어야 합니다. 성적인 끌림이 없는 것도 말할 수 있어야 하는데, 배우자가 그 말로 인해 좌절감을 겪지 않도록 잘 전해야 합니다.

한 아내가 남편에게 성적으로 끌리지 않는다고 말했는데, 이 말을 들은 남편이 더 이상 아내와 관계를 맺을 수 없다며 좌절한 적이 있습니다. 아내는 자신의 상태가 그러하다는 것을 말한 것인데, 남편은 자신에게 더 이상 매력이 없어 아내와 관계를 맺을 수 없다고 포기해 버린 것입니다. 상담을 통해 아내가 원하는 것, 곧 남편에게 성적 매력을 느끼고 싶고 더 친밀한 관계를 원한다고 말해서 오해를 풀었던 적이 있습니다. 이처럼 부부 사이라도 성에 관한 대화를 편하게 나누는 것이 생각처럼 쉽지 않고, 대화가 없는 상태에서 한두 마디를 건네면 오해가 생길 수 있기에 상처 되지 않는 말과 긍정적인 욕구로 표현할 것을 권합니다.

성에 대해 대화할 때는 매우 신중하고 세심하게 접근해야 합니다. 무엇보다 비난하는 식으로 대화가 진행되지 않도록 주의해야 합니다. 배우자가 심한 거절감이나 좌절감을 느끼지 않도록 긍정적인 이야기를 하면서 현재 부부의 성적인 부분에 대한 인식을 나누어 보기 바랍니다. 또한 부부의 성관계가 즐겁고 정열적으로 될 수 있도록 대화하며 다양한 기술을 습득하는 것도 좋은 방법입니다.

성관계 후에는 배우자에게 따뜻한 말로 사랑과 감사를 전하십시오. 이 과정에서 무시하는 말이나 경멸하는 표현은 배우자에게 큰 상처를 줍니다. 존재가 부정당하는 것 같은 느낌을 받거나 절정에 다다르지 못했어도 과정 가운데 함께한 시간과 정성에 감사를 표하며 배우자를 따뜻하게 수용해 주십시오. 벌거 벗었으나 부끄럽지 않은 관계, 안전한 관계가 부부 관계니 배우자를 존재 그대로 받아들여 주십시오.

서로의 다름과 차이를 이해하라

"여자인 제가 성관계를 요구하는 것이 너무 부끄럽습니다. 저에게 문제가 있는 것 같은 느낌 때문에 남편에게 선뜻 다가가지 못합니다. 그리고 남편과의 관계에서 시간의 차이가 있는데 이것을 말하기가 어렵습니다. 남녀의 차이가 있는 것 같은데, 어떻게 남편에게 말해 줘야 할까요?"

어느 정도 차이는 있겠지만 성욕은 남자와 여자 모두에게 있습니다. 따라서 아내에게 성욕이 있는 것이 부끄러운 일이 되어서는 안 됩니다. 남자와 여자 중 누구에게 더 성욕이 많은지를 따지기보다, 우리 모두를 성욕이 있는 건강한 존재로 여기면 좋을 것 같습니다.

남녀의 성에는 시간과 속도의 차이가 있습니다. 부부는 서로에게 그 영역을 알려 줄 필요가 있습니다. 우선, 남자는 흥분되기까지 그 속도가 빠르고, 흥분에서 절정에 이르기까지 걸리는 시간이 짧습니다. 이 일이 몇 분 안에 다 이루어질 수 있습니다. 반면 여자는 속도가 느리고 시간이 오래 걸립니다. 남편들은 아내가 흥분되고 성욕이 생겨 반응하는 데까지 걸리는 시간을 인내하고 기다리며 아내를 배려해 주면 좋겠습니다. 여자는 성욕이 자발적이지 않고 반응적이어서 흥분이 되어야 성욕이 생깁니다. 그렇기에 아내가 흥분되도록 전희를 충분히 하는 것이 좋습니다. 그렇다고 매번 이런 성관계를 할 수는 없습니다. 다양한 성관계를 할 수 있는 창의적인 노력이 부부에게 필요합니다.

남자는 시각에 예민하고, 여자는 청각과 촉각에 예민하다고 합니다. 서로의 예민한 감각을 알고 그 영역을 서로 채워 줄 수 있으면 좋겠습니다. 한 예로, 아내들은 남편이 따뜻한 말과 따뜻한 스킨십을 해 줄 때 자극을 받습니다. 그리고 남편들은 아내가 시각적으로 다양함을 보여 줄 때 자극을 받습니다. 단, 이런 노력은 상대를 사랑하고 귀하게 여기는 마음으로 행할 때 가능합니다. 상대에게 어떤 것을 요구하거나 강요해서는 안 됩니다. 더 섹시하게 입고 자신 앞에 서라는 식으로 아내에게 강요하는 남편이 있었습니다. 아내는 좀처럼 마음을 열기가 어려웠습니다. 강요로 인한 것이 아닌, 배우자를 사랑함으로 기꺼이 해 줄 수 있는 깊은 사랑과 성숙함을 가져야 합니다. 서로의 차이를 대화를 통해 이해하고 상대를 위해 기꺼이 배려해 주는 성숙한 사랑을 해야 합니다.

- 배우자에게 자신의 성감대를 알려주라.
- 성 차이에 대해 이야기한 후 어떻게 적용할 것인지 나누어 보라.
- 절정에 이르기까지 서로를 배려하기 위해 어떤 노력이 필요할지 함께 이야기해 보라.

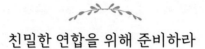

친밀한 연합을 위해 준비하라

"아이가 태어난 이후 부부가 성적으로 친밀한 시간을 보내는 것에 점점 더 소홀해지고 있습니다. 아내는 저보다 아이를 더 우선시하는 것 같아 자식이지만 질투가 날 때도 있습니다. 저도 아내의 따뜻한 손길이 필요한데, 저는 아이 옆에서 아내를 그리워만 하고 있습니다. 소홀해지는 저희 관계가 다시 친밀해질 수 있을까요?"

저도 출산 이후 남편과의 성관계가 눈에 띄게 줄어들었고, 남편보다 아이를 우선시할 때가 있었습니다. 남편이 욕구를 표현하는 것도 부담스럽게 느껴질 때가 있었습니다. 다행히 남편이 자신의 마음을 솔직하면서도 조심스럽게 나누어 주어, 남편을 외롭게 하지 않으려고 무던히 노력하며 일주일에 시간을 정해 놓고 남편을 우선시했습니다.

아내가 아이를 더 우선시하면서 남편들을 침실에서 밀어내어 혼자 외롭게 지내는 남편들을 종종 만납니다. 아내 옆에 있는 아이를 부러워하는 남편도 있습니다. 언제부터인가 성관계도 없고, 그러다 보면 존재의 의미를 느끼기도 어려울 수 있습니다.

출산 후에는 부부 관계가 많이 달라지는데, 특히 성관계는 거의 무시되기가 쉽습니다. 그렇기에 부부가 일정한 날을 정해서 성적으로 친밀한 시간을 갖는 것이 필요합니다. 저는 일주일에 하루는 반드시 부부가 친밀함을 누리는 날로 정할 것을 권합니다. 그렇지 않으면 성관계를 계속 소홀히 여기게 됩니다. 특히 어린아이를 키우고 있는 엄마들은 관심이 남편보다 아이에게 가기 마련입니다. 아이를 위해 종일 에너지를 쓰다 보면 배우자를 위해 에너지를 쓰기가 어렵습니다. 그렇기 때문에 부부가 친밀한 시간을 갖는 날을 정하고 나면, 그날만큼은 에너지를 비축할 필요가 있습니다. 배우자를 위해 에너지를 비축해 두고, 그 하루 동안 배우자와의 친밀한 시간을 상상해 보십시오. 가장 중요한 성감대는 뇌이기에, 배우자와의 친밀한 시간을 생각하고 상상하다 보면 그 시간이 즐겁게 기다려집니다.

아이가 있어서 불편하다면, 아이를 다른 방에 재우고 둘만의 시간을 보내십시오. 아이가 있는 공간에서는 성관계를 하지 않는 것이 좋습니다. 집에서도 시간을 갖지만, 가끔은 호텔에 가는 것을 추천합니다. 호텔은 부부들이 누릴 수 있는 좋은 공간입니다.

일주일에 2-3회 성관계를 가지면 면역력이 생기고 몸의 순환도 잘된다는 연구 결과가 있습니다. 또한 옥시토신이 나와서 숙면을 취하게 해 준다고도 합니다. 주 2-3회가 어렵다면 1회만이라도 계속해서 친밀한 성관계의 날을 정해 보십시오. 그날이 설레고 기대하는 날이 되도록 노력해 보기 바랍니다.

그러기 위해서는 친밀한 연합을 위한 준비가 필요합니다. 가장 좋은 시간, 특히 부부의 에너지 있는 시간이 언제인지를 잘 살펴보고 정해야 합니다. 그 시간이 저녁이나 밤이 아닌 새벽이나 오후일 수도 있습니다. 그 시간을 확보하십시오. 더 나아가 부부의 침실을 가꾸어 보십시오. 은은한 무드등의 조명, 따뜻한 분위기의 향초, 향기 좋은 향수, 감미로운 음악 등을 활용해서 침실을 꾸며 보십시오. 이 침실 안에서는 부부가 마음껏 놀 수 있습니다. 같이 샤워도 하고, 맛있는 것도 먹고, 재미있는 것도 보면서 즐겁고 신나는 경험을 해 보십시오. 부부의 속옷을 특별하게 준비해 보는 것도 좋습니다. 서로에게 긍정적인 자극이 되는 것을 창의적으로 찾아보십시오.

부부 침대에서 아이가 함께 잘 경우에는 가운데보다 한 배우자의 옆에서 자게 하는 것이 좋습니다. 자녀를 가운데서 자게 하는 것은 아이를 사랑하는 것이 아니라, 배우자를 밀어내는 행위입니다. 우선순위가 아이가 되어서는 안 됩니다. 아이는 부모와 분리되어 자도록 하는 것이 좋습니다. 당신의 옆에는 배우자가 있게 하십시오. 반려동물도 부부 사이에 있지 않도록 해야 합니다. 배우자를 외롭게 하거나 그가 일탈을 꿈꾸지 않도록 부부가 시간을 정해서 친밀한 관계를 만들어 가기 바랍니다.

성관계를 피하는 부부

"저희는 맞벌이 부부입니다. 둘 다 야근이 많은 직업이라 평일에는 얼굴을 마주하고 이야기 나눌 시간조차 부족하고, 주말에는 평일에 쌓인 피로를 풀다 보니 성관계를 가지지 않은 지 꽤 됐습니다. 어쩌다 분위기를 잡을까 싶으면 괜히 어색해 서로 암묵적으로 성관계를 피하고 있습니다. 지금은 서로 이 상태가 편하고 불만이 없는 것 같지만, 관계가 소원해지고 갈등이 생길까 겁이 나기도 합니다. 부부가 성관계 없이 결혼 생활을 이어 가도 괜찮은지, 어떻게 하면 즐거운 성관계를 회복할 수 있을지 고민입니다."

결혼하고 맞벌이하면서 부부가 성적으로 소원해지는 것을 느꼈다면 부부 관계의 '경고등'이 켜졌다고 봐도 좋습니다. 서로 바쁘기 때문에 암묵적으로 성관계를 피하고 있는 것은 배려라기보다 회피일 수 있습니다. 경고등을 보았다면 그다음 단계를 밟아 가면서 회복해야 합니다. 무심히 넘긴다면 부부 관계는 고장 난 엔진처럼 문제가 생길 가능성이 높습니다.

맞벌이를 하면 새로운 역할을 정립하는 과정이 필요합니다. '일-가정', 혹은 '직장-결혼'이 양립할 수 있도록 삶의 스타일을 만들어 가는 것입니다. 직장과 가정에서의 역할을 감당하면서 긍정적인 영향을 끼치는 관계가 가장 이상적이지만 현실에서는 불가능합니다. 부부 관계가 소홀하지 않도록 지속적으로 조율하면서 일과 가정에서의 역할을 조정해야 합니다.

부부의 결혼 만족도에 영향을 미치는 다양한 요인이 있는데, 직장 업무, 가사 등으로 인한 스트레스, 의사소통, 성적 친밀감이 바로 그것입니다. 성적 친밀감이 높을수록 부부의 결혼 만족도가 높고, 성적 친밀감이 낮으면 부부의 결혼 만족도 또한 낮아집니다.

부부의 성적 친밀감을 높이기 위해 가장 먼저 해야 할 것은 첫째, '부부 소통'입니다. 소통은 자신의 감정과 바람, 기대와 생각을 배우자와 서로 나누는 모든 과정입니다. 상황을 눈치껏 피하기보다는 대화를 시도해 보는 것이 좋습니다. 성적인 대화가 불편하다면, 일상적인 이야기로 시작해서 성적인 대화까지 나누어 보십시오. 기억해야 할 것은, 비난이나 부정적인 말투를 사용하지 않도록 주의하는 것입니다. '당신 때문에'라는 비난과 '우리 부부는 문제가 많아'라는 식의 부정적인 대화는 곤란합니다.

둘째, 자신의 필요와 상대를 위한 양보를 충분한 대화를 통해 구체적인 합의를 만들어 내어 실행에 옮겨 보는 것입니다. 부부가 성적 친밀감을 누리기 좋은 시간과 상황에 대해 나누고, 그러기 위해 서로가 양보하고 도울 영역이 무엇인지를 놓고 대화해 보십시오. 컨디션이 좋은 시간과 상황을 구체화해서 실행해 보십시오. 집도 좋지만, 가끔은 근교로 나가서 특별한 시간을 갖는 것도 좋습니다. 손을 잡고 산책하거나 함께 운동을 하는 것도 좋습니다. 일상에서의 데이트가 친밀감을 증진시켜 줄 것입니다.

셋째, 성적 친밀감은 일상의 따뜻한 언어와 서로의 필요를 채워 주는 사랑과 가벼운 스킨십에서부터 시작됨을 기억하는 것입니다. 침실로 가기까지 삶의 순간마다 서로에게 따뜻한 말과 부드러운 스킨십으로 마음을 열게 하십시오. "여보, 고마워", "여보, 오늘도 수고했어", "여보, 사랑해"와 같은 일상의 따뜻한 말이 마음을 열어 줍니다. 가장 민감한 성감대는 뇌라는 것을 기억하십시오. 사랑의 따뜻한 언어가 지치고 힘든 우리의 마음과 몸을 열어 줄 수 있습니다.

넷째, 성경에 기록된 부부의 하나 됨에 관한 말씀을 기억하고 순종하는 마음을 가져 보는 것입니다. 결혼은 부부의 하나 됨으로 즐거움을 경험하며 친밀해지는 과정입니다.

성경적 하나 됨을 위한 10단계

1단계 편한 소통부터 시작해 보자. 좋아하는 TV 프로가 무엇인지, 어떤 음식이 먹고 싶은지 나누어 보자.

2단계 최근에 무엇으로 인해 마음이 분주하고 여유가 없는지, 어떤 도움이 필요한지 나누어 보자.

3단계	수고하고 애쓴 배우자를 격려해 주자. "여보, 정말 수고 많았어. 애썼어." "고생했어."
4단계	배우자와 집 근처를 산책하거나 카페에 가서 맛있는 음료를 마시면서 쉬자.
5단계	배우자를 위해 가사나 육아 중 기꺼이 할 수 있는 일을 해 보자. 생색내지 말고 조용히, 기쁨으로 해 보자.
6단계	일상에서 좋은 대화와 따뜻한 부부의 경험을 쌓아 가자.
7단계	배우자와 침대에 누워 재미있는 이야기를 하거나 영화를 보자.
8단계	배우자의 몸을 충분히 마사지해 주자.
9단계	지속적으로 침대에서 좋은 경험을 해 본 뒤 배우자와 친밀한 성관계를 가져 보자.
10단계	이전 단계를 반복하면서 정기적인 부부 성관계 날을 정한 후 그 시간을 마음껏 누리자.

따뜻한 거절이 필요하다

신혼 초에 남편의 요구를 몇 번 거절한 적이 있었습니다. 시간이 흐른 뒤에 알게 된 것은, 그 일로 남편이 다시는 요구하지 않으려 했다는 사실입니다. 저는 깜짝 놀랐습니다. 이게 그럴 일인가 싶으면서 이해가 되지 않았습니다. 하지만 남편의 양육 과정을 듣고 난 후 거절이 어떤 의미로 다가왔을지 이해가 되었습니다. 남편에게는 따뜻한 돌봄보다 거절의 경험이 많았기에 저에게 받는 거절이 상처가 되었던 것입니다.

인간은 누구나 자신에게 중요한 타인과 깊은 정서적 유대 관계를 맺고 싶어 합니다. 그중 어릴 때는 엄마나 아빠, 즉 주양육자와의 관계에서 애착을 형성하고자 합니다. 어린 시절에 주양육자가 깊은 정서적 유대 관계를 형성하며 아이의 필요에 민감하게 반응해 주었다면 안정적인 애착이 형성됩니다. 이런 안정적인 애착을 가지고 있는 사람은 상대방에 대한 기본적인 신뢰가 있습니다. 특히 상대의 거절과 불편한 반응을 잘 받아들이며 이해할 수 있는 능력을 가집니다. 하지만 애착 수준이 불안정한 사람이라면, 다른 사람들과 매우 불안한 관계를 형성하게 됩니다. 상대방에 대한 불신뿐 아니라 자신에 대한 불신, 관계에 대한 불안 혹은 집착이 나타나기도 합니다. 부부 관계에 있어서 개인이 가지고 있는 기본적인 애착, 신뢰감의 수준 정도는 매우 중요한 관계적 형태로 나타납니다. 부부의 애착 정도를 형성하는 중요한 요인은 정서적 친밀감, 돌봄, 성적 친밀감이라 할 수 있는데, 특히 성적 친밀감은 부부가 정서적으로 깊은 유대감과 낭만을 경험하는 데 있어 매우 중요한 요소입니다.

만약 부부의 성관계에서 차가운 거절 혹은 누적된 거절을 경험하게 된다면 부부 관계는 어떻게 될까요? 기본적으로 상대방에 대한 신뢰감이 있고 애착 정도가 안정적인 사람에게는 크게 문제가 되지 않을 수 있습니다. 그러나 다수의 경우 부부의 성관계에서 차가운 거절을 경험한다면 분노와 좌절, 절망, 관계의 단절 등을 경험하게 됩니다.

부부의 성관계에서 애착 이외에도 문제가 발생하는 여러 가지 요인이 있습니다. 가족생활 주기의 변화, 내면의 갈등, 외도, 폭력, 직장에서의 스트레스 등이 포함됩니다. 특히 자녀의 출생에 따라 부부의 성관계가 소원해지기도 합니다. 자녀의 사춘기나 부부의 중년기 등 가족 안에 변화가 나타나는 시기에 문제를 경험하기도 합니다. 이런 변화의 시점에 부부는 더욱 친밀감을 유지할 수 있도록 건강한 계획을 세워야 합니다. 부부만의 시간을 가질 수 있도록 약속을 정하고, 그 약속 시간에는 서로에게 최선을 다해야 합니다.

부부 사이라도 성관계에서 거절을 표해야 할 때가 있습니다. 그럴 때는 자신의 상황과 감정을 친절하고 자세하게 설명해 주는 것이 좋습니다. "나도 당신과 친밀함을 누리고 싶은데, 오늘은 컨디션이 너무 안 좋아서 좋은 시간을 갖기가 어려울 것 같아. 내일은 어때?"라며 따뜻하게 제안해 보십시오. 또한 성관계의 거절이 배우자에 대한 거절이 아님을 알아야 합니다. 성관계에 대한 거절이지, 존재에 대한 거절이 아님을 먼저 인지하십시오. 그리고 거절할 때는 배우자의 자존심을 상하게 하지 않도록 주의하십시오. 거절은 잠시 멈춤일 뿐, 서로에 대한 관심과 사랑에는 변함이 없다는 것을 믿기 바랍니다. 그러기 위해 서로를 신뢰할 수 있는 믿음을 가져 보고, 서로의 마음과 상황을 이해할 수 있는 공감 능력과 심리적 유연성도 길러 보기를 바랍니다.

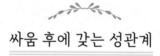

싸움 후에 갖는 성관계

"부부 관계에 갈등이 있거나 싸우고 났을 때 저는 남편과의 성관계가 어려워요. 그런데 남편은 그런 상황에 저를 더 안으려고 하고 관계를 가지려고 해요. 그것이 저를 사랑하는 표현이라고 하는데, 저는 전혀 사랑으로 느껴지지 않아요. 마음이 열리지 않으면 육체도 긴장되어서 전혀 반응이 없는데, 남편을 어떻게 이해시킬 수 있을까요?"

저도 부부 싸움 후에 성관계를 하고자 하는 남편이 이해되지 않았습니다. '이 상황에? 왜? 나는 마음이 열리지도 않았는데 관계를?' 정말 이해되지 않았습니다. 나중에 말해 주기를, 그게 저를 사랑하는 자신의 방법이라고 했습니다. 사랑하니까 그렇다는 것입니다. 남편의 마음은 알았지만 제가 원하는 것도 알려 주었습니다. 저는 마음이 불편하면 몸도 안 열린다고 말입니다. 특히 갈등이 해결되지 않은 상태에서는 더더욱 어렵다고 말해 주었습니다.

성적인 친밀감을 경험하고 유지하기 위해서는 육체적인 접촉 외에도 상당히 많은 친밀한 접촉과 교류가 쌓여 있어야 합니다. 일상에서 따뜻하고 친밀한 관계적인 교류를 얼마나 많이 가졌는지는 부부의 성적인 친밀감을 평가하는 매우 중요한 요소입니다.

때로 성적인 친밀감을 표현하는 데 미성숙한 모습을 보이는 경우가 있습니다. 부부 사이에 갈등이 있고 서로 쌓인 감정이 좋지 않을 때 긴장감 높은 부부 관계를 풀고자 성적으로 친밀한 시간을 가져 보자고 무작정 제안하기도 합니다. 갈등이 쌓여 있는 상황에서는 당연히 마음이 좋지 않습니다. 육체적으로도 매우 방어적이고 적대적일 수밖에 없습니다. 그런 상황에 성적인 접촉을 통해 관계의 회복을 바란다면 좌절을 경험할 것입니다.

부부의 친밀함과 성적인 친밀감을 누리고 유지하기 위해서는 더 넓은 성적 친밀감의 사전 작업들이 필요합니다. 예를 들어, 밤에 성적인 친밀감을 누리기 위해서는 그날 아침에 배우자를 향한 태도가 따뜻해야 합니다. 배우자에게 건네는 따뜻한 말 한마디, 적절한 스킨십, 출근하면서 건네는 격려의 말, 집 안의 많은 일을 기쁨으로 섬기는 행동 등이 필요합니다. 따뜻하고, 적절하고, 예의 바른 행동이 전희라고 볼 수도 있습니다.

마음이 열려야 신체적으로도 함께하고자 하는 준비가 됩니다. 마음이 열리는 데는 시간도 필요하고, 과정도 필요합니다. 흐르는 마음의 방향을 갑자기 전환하는 것은 몹시 어려운 일입니다. 성적인 친밀감을 갖기 위한 부부의 마음도 닫힘에서 열림으로 갑자기 바꾸기란 쉬운 일이 아닙니다. 준비하는 충분한 과정이 필요합니다. 성적인 친밀감을 얻기 위한 준비 과정이 성적인 친밀감과는 관계없는 행동인 것처럼 보이기도 합니다. 하지만 부부가 가정생활을 함께해 가는 과정에서 일어날 수 있는 모든 행동과 언어가 서로의 성적인 친밀감에 큰 영향을 미칩니다. 친절한 말 한마디는 상대방에게 그 이상의 의미로 전달됩니다. 집 안에서 해야 하는 작은 집안일 처리는 단순한 집안일 이상의 섬김과 감사로 서로에게 전달됩니다. 반대로 함부로 내뱉은 무례한 말 한마디는 단순한 말 이상의 영향력으로 상대방의 마음에 고통과 실망으로 확대되어 전달됩니다.

부부 사이의 성적인 친밀감은 서로 느낄 수 있는 사랑의 언어가 충분히 쌓여야 누릴 수 있는 선물과 같습니다. 결혼 생활에서 인정과 존중의 표현을 충분히 해 주는 것을 사랑으로 느끼는 배우자가 있습니다. 집 안에서 헌신적으로 행하는 봉사나 함께 충분한 시간을 보내는 것을 사랑의 언어로 느끼고 이해하는 배우자도 있습니다. 따뜻한 스킨십이나 적절한 선물을 사랑의 언어로 느끼고 이해하는 배우자도 있습니다. 가장 이상적인 사랑은 이 모든 것을 자신도 적절하게 표현하고, 배우자도 적절하게 표현하는 것입니다. 다양한 사랑의 모습을 부부가 일상을 살아가면서 적절하게 표현할 수 있어야 합니다. 사랑받고 있다고 느끼는 다양한 말과 행동의 표현이 충분히 쌓일 때, 부부는 성적으로도 충분한 친밀감을 얻을 수 있습니다.

성적인 친밀감은 부부가 행복한 결혼 생활을 하는 데 매우 중요한 작용을 합니다. 사랑이 담긴 선물에는 단순히 가격이 매겨진 물건 이상의 의미가 담겨 있듯, 부부의 성적 친밀감을 단순한 육체적 하나 됨만으로 평가해서는 안 됩니다. 우리는 이것을 육체적 접촉 이상의 것, 즉 서로에 대한 배려와 사랑,

봉사와 격려의 말들이 포함된 한 차원 높은 의미에서 이해해야 합니다.

아내는 남편이 사랑을 표현하는 방식을 비난하거나 무시하지 말고 친밀함을 위한 노력으로 이해해 주십시오. 그리고 남편은 아내를 조금 기다려 주며 배려의 표현을 해 보십시오. 서로의 타이밍이 다를 수 있음을 이해하고 그 타이밍에 맞추어 서로에게 다가가면 좋겠습니다.

앞에서도 언급했듯이, 남자는 욕구에 즉각적으로 반응할 수 있지만, 여자는 다릅니다. 여자는 성적인 욕구가 자발적으로 생기기보다 반응적으로 생기는 경향이 높습니다. 그래서 남편은 아내가 일상의 자극을 통해 반응적 욕구가 생기도록 노력해야 합니다. 자극이 있으면 욕구가 생기면서 절정에까지 이를 수 있습니다. 아내가 일상의 자극을 통해 반응이 되도록 일상에서의 자극을 다양하게 연구해 보십시오. 부부는 더 깊은 성적 친밀감을 위해 서로 소통하고 연구하며 다양한 친밀함을 경험하는 것이 필요합니다.

섹스리스가 되는 이유

"우리 부부는 성관계를 안 한 지 몇 년이 되어 갑니다. 출산 후에 성관계를 안 하게 되었고, 그러다 보니 성관계를 하는 것이 어색해져 관계 없이 지내고 있습니다. 남편도 저에게 요구하지 않고 그냥 남남처럼 지내고 있습니다. 우리 부부, 이렇게 지내도 될까요?"

부부들을 만나다 보면 의외로 섹스리스(Sexless)가 많습니다. 어떤 부부는 성관계를 하지 않고 사는 것을 조금도 문제시하지 않기도 합니다.

섹스리스란 대개 1년에 10회 이하의 성관계를 갖는 부부를 일컫습니다. 상담으로 만났던 부부들 중에는 한 달에 한 번도 관계를 갖지 않는 경우가 많았습니다. 어떤 부부는 몇 년에 한 번 그리고 어떤 부부는 아이를 출산한 이후로 관계가 없는 경우도 있었습니다. 심지어 결혼식 이후에 한 번도 관계를 갖지 않고 사는 신혼부부들도 있었습니다.

섹스리스의 원인을 보면 성적 매력 상실, 성기능 약화, 부부의 성생활을 중요하게 생각하지 않음, 의무적인 성관계, 주말 부부, 각방 사용, 일과 가사로 인한 스트레스, 극심한 피로, 임신, 배우자의 거부로 인한 상처, 거절에 대한 두려움, 보수적인 성교육, 부정적인 성적 가치관, 올바르지 않은 지식과 정보, 배우자의 과도한 요구, 어긋나는 타이밍, 성관계 스타일의 차이, 외도 등 다양한 문제로 인한 부부 갈등, 배우자에 대한 배신감과 불만, 성관계에 대한 생각 차이 등의 문제가 다양하게 작용합니다.

섹스리스의 또 하나의 원인으로는 원가족과의 관계에서 친밀한 애착을 경험하지 못했을 때 부부의 성관계가 어려울 수도 있는데, 이런 경우에는 친밀한 성관계를 통해서 어릴 때 채워지지 않았던 애착이 채워지기도 합니다. 부모로부터 따뜻한 사랑을 받지 못한 사람이 배우자와 지속적으로 따뜻한 관계를 맺게 되면 그 사랑이 채워집니다. 정서적인 연결, 애착, 돌봄, 사랑과 같은 것들을 누릴 수 있는 것이 바로 성관계라는 것입니다. 섹스리스의 원인이 부부가 더 깊은 친밀감으로 나아갈 수 있는 과정이 되기도 하기에, 부부들은 먼저 섹스리스가 된 원인을 잘 찾아보는 것이 중요합니다.

섹스리스로 인한 갈등도 다양하게 나타납니다. 자존감이 낮아지며, 성적인 욕구를 억누르기에 비참함을 느끼기도 하고, 성적인 불만으로 배우자에 대한 미움이 생길 수도 있습니다. 거절에 대한 상처로 인해 부부 갈등이 야기되기도 하고, 성생활에 대한 솔직한 대화가 어려우며, 성적 접촉이 어색해질 수도 있습니다. 그로 인해 일탈에 관한 생각으로 외도가 일어날 수도 있습니다. 성경은 "젊어서 취한 아내를 즐거워하라 … 너는 그의 품을 항상 족하게 여기며 그의 사랑을 항상 연모하라"(잠 5:18-19)라고 말씀합니다. 부부는 서로를 즐거워하고 함께하는 성을 즐길 수 있어야 합니다. 부부의 성관계를 소홀히 여기거나 무시하지 말고, 성적인 친밀한 관계를 위해 더 노력하는 부부가 되기를 바랍니다.

- 우리 부부는 얼마나 자주 성관계를 갖고 있는가?
- 나는 얼마나 자주 성관계를 갖고 싶은가?
- 성욕을 잃었다면 무슨 일이 있었는가?
- 섹스리스의 원인중 우리 부부에게 해당하는 것은 무엇인가?

외도! STOP! NO! RETURN!

크리스천 부부들의 외도 상담이 많아졌습니다. 코로나 기간 동안 외도 상담을 가장 많이 한 것 같습니다. 외도는 부부 간의 신뢰와 결혼 생활을 철저히 깨뜨릴 수 있는 가장 부정적인 힘을 지닌 행위입니다. 자신의 배우자가 아닌 다른 이성과의 육체적인 관계뿐 아니라 정서적인 깊은 교류까지도 외도로 볼 수 있습니다. 정서적으로 가까워졌을 뿐, 육체적인 관계는 없었기에 외도를 하지 않았다고 하는 이들도 있지만, 다른 이성에게 깊은 관심을 갖고 정서적 친밀함을 나눌 정도라면 이 또한 외도로 봅니다. 배우자가 외도라고 느낀다면 육체적인 관계가 없어도 외도가 되는 것입니다.

외도는 이성과의 대화가 자연스럽게 이루어지고, 다양한 형태의 교류가 활발한 장소와 모임 등에서 시작됩니다. 사회적 관계에서 만난 이성이 가볍게 건네는 따뜻한 말이나 격려, 공감은 마음을 흔들어 놓을 수 있는 영향력이 있습니다. 자신이 배우자와 겪는 갈등과 가정 안에서 느끼는 불편, 자신이 소홀히 여겨지는 등의 사적인 어려움까지 마음을 터놓고 이야기하다 보면 애석하게도 다른 이성에게서 위로와 격려를 받게 됩니다. 배우자와 나눌 수 없는 이야기들을 사회적 관계에서 만난 이성과 나누면서 자신도 모르게 정서적으로 가까워지게 되는 것입니다. 이때 대화가 깊어지고, 단둘이 식사하게 되고, 이후 술과 좋은 분위기가 곁들여진다면 걷잡을 수 없는 외도의 늪으로 빠져들 수 있습니다.

사회생활을 하는 중에 경험하는 극심한 스트레스와 힘든 상황, 나이 들어 감을 느끼는 다양한 심리적·사회적 상황에서 다른 이성의 위로와 격려는 달콤함으로 다가와 점점 이성을 마비시킵니다. 그러다 보면 정서적 외도를 넘어서 가벼운 스킨십을 하게 되고, 더 자극적인 스킨십으로 이어지다가 결국에는 성관계까지 가게 됩니다. 시간이 걸리는 관계도 있지만, 아주 짧은 시간에 육체적 외도까지 가는 이들도 있습니다. 이 모든 과정을 거치면서 진행되는 부적절한 관계는 본질이 가려진 허상의 관계임을 알면서도 빠져들게 됩니다. 결혼의 언약은 애써 무시한 채, 감정에 충실한 감각적인 즐거움을 추구한 결과는 자신과 배우자, 자녀들에게 큰 고통을 가져다줍니다.

매일 일터에서 일하는 이성과의 빈번한 대화, 또는 밤늦은 시간의 연락과 함께 보내는 시간을 통해 외도가 일어날 수도 있고, 동호회나 동창 모임에서도 외도가 일어날 수 있습니다. 물론 교회에서도 외도가 일어날 수 있습니다. 케어라는 목적으로 마음 깊은 이야기를 나누거나 사역을 같이 하면서 지속적인 만남과 모임을 가질 경우, 또는 단둘이 차를 타고 심방을 다니면서 외도가 일어나기도 합니다. 이처럼 배우자와 나누지 않는 이야기를 나누거나 배우자보다 더 마음을 나누는 대화를 하다 보면 이런 유혹을 받게 될 수 있습니다.

사회적 관계에서 맺게 된 이성과의 만남이 외도로 진행되지 않기 위해 기혼자들은 간단한 규칙을 상기하며 지키는 노력을 해야 합니다. '이성과 단둘이 너무 깊은 사적인 이야기를 하지 않겠다', '밤늦게 개인적인 전화 통화를 하지 않겠다', '한 이성과 지속적으로 단둘이 함께하지 않겠다', '이성을 차에 태울 때는 뒷좌석에 앉게 하겠다' 등 간단하면서도 분명한 규칙을 지키는 것이 자신을 외도의 유혹으로부터 지키는 안전벨트가 될 수 있습니다. 또한 이러한 규칙들이 부부에게는 안전한 울타리를 제공합니다. 부부는 자신들의 결혼 울타리를 정기적으로 점검해야 합니다. 외도는 자신과 가족, 자신이 맺고 있는 사회적 관계의 사람들에게까지 부정적 영향을 미치는 문제입니다.

외도는 미연에 방지하는 것이 매우 중요합니다. 만일 외도가 발생하게 되면 부부가 치러야 할 대가가 너무 큽니다. 외도 이후에는 부부가 서로 노력해도 결국 갈라서는 경우가 상당히 많은 것이 현실입니다. 만일 지금 외도의 유혹을 경험하고 있다면, 자신과 배우자를 보호하고 지탱하는 결혼의 울타리가 여전히 견고한지를 돌아보는 것이 필요합니다. 결혼의 규칙을 잘 지키고 있는지, 부부 관계가 소원해지지 않았는지 점검하는 관심이 있어야 합니다. 결혼 울타리는 매우 든든한, 어떤 어려움도 이길 수 있는 편안함을 주는 성벽과 같은 역할을 합니다. 그러나 결혼 울타리를 넘어가는 외도를 선택한다면, 되돌아오기 위해 치러야 하는 대가가 매우 혹독할 것입니다.

외도의 유혹이 극에 달했던 경험이 있는 한 남성이 이렇게 고백했습니다. "외도의 유혹이 너무나 향기로운 향수같이 나를 감싸 안았어요. 나의 이성을 마비시키고 나를 최상의 행복으로 이끄는 것 같은 강렬한 유혹을 경험했어요. 눈 한번 감으면 될 것만 같은 충동을 느꼈어요." 다행히 이 남성은 유혹에 넘어가지 않았지만, 그 상황까지 갔다면 그 자리를 박차거나 관계를 끊어 내고 거리를 두기가 쉽지 않았을 것입니다.

외도의 유혹에서 자유로운 사람은 아무도 없습니다. 외도의 유혹에 빠려 들어가는 것은 많은 것을 포기하는 행동임을 기억하십시오. 감정의 이끌림이 강하게 작용할 수 있지만, 그 감정에 따라 행동하지 않고 결혼의 서약을 지키기 위해 감정과 이성을 구분하는 성숙한 행동이 필요합니다. 성숙한 행동과 미성숙한 행동을 구분하는 기준 중 하나는 자신의 행동에 대한 결과까지 예상하는 것입니다. 자신의 현재 행동이 감정적으로는 즐거움을 주지만 그 결과가 매우 고통스럽고 부정적인 것이 확실하다면, 멈추는 것이 성숙한 모습입니다. 외도는 부정적인 결과가 매우 확실한 위험한 관계 행동입니다.

외도의 유혹이 최고의 향기와 달콤함으로 다가와도 'STOP! NO! RETURN!'을 생각하고 외칠 수 있어야 합니다. 또한 부부의 결혼 울타리가 튼튼하게 세워져 있는지 자주 확인해 보아야 합니다. 그리고 무엇보다 말씀을 붙잡으십시오. 진리의 말씀으로 부부 관계를 견고히 지키시기를 바랍니다.

> "결혼을 소중히 여기고, 아내와 남편 사이에 이루어지는 성적 친밀감을 거룩하게 지키십시오. 하나님은 일회성 섹스와 부정한 섹스를 금하십니다"(히 13:4,《메시지》).

행복과 친밀함은 노력을 통해 얻어지는 열매입니다. 자신의 심리적 취약성과 존재의 공허감, 극심한 스트레스, 노골적인 이성의 유혹 등 다양한 이유로 외도의 유혹을 겪고 있다면, 신뢰할 수 있는 목회자나 상담 전문가를 만나서 도움을 구하기 바랍니다.

집착이 아닌 회복을 위해 노력하라

"배우자의 외도가 의심됩니다. 그런데 배우자는 외도에 대해서 강력하게 부인합니다. 그러다 보니 휴대폰을 몰래 보게 되고, 배우자가 저를 속이는 것 같아서 마음이 너무 힘들고 무너집니다. 믿음의 가정을 세우고 싶었는데 절망하게 됩니다. 어떻게 하면 좋을까요?"

배우자의 외도를 알게 되었을 때의 충격과 고통은 상상 이상입니다. 삶이 무너지고, 관계가 깨어지고, 가정이 붕괴되는 경험을 하게 됩니다. 배우자의 외도를 알고 나서 어떻게 수습해야 할지 몰라 관계가 다 무너진 다음에야 상담을 오는 경우가 있어 안타까울 때가 많습니다. 상간 소송을 하기도 하고, 바로 이혼 소송을 하거나 공개적으로 다 알려서 수습하기 어렵게 한 후에 상담을 받으러 옵니다. 진짜 고통스러운 자신의 정서는 어디에서도 돌봄 받지 못한 채 처참히 무너지는 시간을 보내고 있는 모습을 볼 때 정말 마음이 아픕니다. 절대 일어나면 안 되는 일이지만, 이런 상황을 경험하게 된다면 적어도 어떻게 대처해야 할지는 알아야 할 것 같습니다.

일반적으로 외도로 인한 행복감과 짜릿함을 경험하는 기간은 약 3개월에서 1년 정도라고 합니다. 연애 초기에 낭만을 경험하는 시기와 비슷합니다. 아내들은 남편의 변화에 민감합니다. 물론 아내들도 외도에 있어 자유로울 수 없지만, 일반적으로는 아내들이 민감하게 남편의 변화를 발견하게 됩니다. 외도한 사실이 드러나면 처음에는 부인합니다. 자신의 흔들리는 마음, 정서적 외도, 성적 외도를 진실하게 말하지 않습니다. 이러한 경우 외도한 배우자는 속이는 자가 됩니다. 그러다 보면 그동안 쌓았던 신뢰감이 점점 무너지고 고통스러운 시간이 시작됩니다. 외도로 인해 신뢰가 깨지면 이전의 상태로 돌아가기란 매우 힘듭니다. 대부분의 외도는 부부 관계를 끝내는 것으로 결론이 날 수 있기에, 외도는 단순한 일탈이나 스릴의 경험이 되어서는 안 됩니다.

외도를 하면서도 배우자를 사랑한다고 하는 것은 배우자에 대한 철저한 기만이고 배신입니다. 외도로 인한 고통은 말로 표현할 수 없습니다. 달구어진 포크로 심장을 찌르는 고통이라고 표현하기도 합니다. 죽을 만큼 힘들어하는 이들을 볼 때면 그 고통의 무게를 감히 상상하기 어려울 정도입니다. 이처럼 외도는 가족 모두의 삶을 망치는 금지된 선입니다.

배우자의 외도가 의심될 때는 배우자의 사생활을 확인하고 싶어집니다. 휴대폰을 확인하거나, 재정 사용 내역을 알아보거나, 시간 사용에 대해 알아보거나 그것을 통제하고 싶어집니다. 그러기 위해 꼬치꼬치 묻거나 일정을 다 공유하도록 하고, 더 심하면 위치 추적이 되도록 스마트폰에 앱을 깔아 놓을 수도 있습니다. 하지만 회복의 관계로 가기를 원한다면 배우자를 추적하는 일을 멈추어야 합니다. 휴대폰을 검색하거나 배우자의 재정 내역을 검색하고 취조하는 일을 멈추어야 합니다.

배우자를 의심하고 통제할수록 관계의 회복은 어려워집니다. 배우자의 외도가 드러났어도 과도한 집착을 하지 않는 것이 마음과 관계를 지켜 갈 수 있는 길임을 기억하기 바랍니다. 외도한 사건과 이성에게 집중하기보다 부부의 관계를 세워 가는 것이 두 사람의 관계를 유지하고 회복하게 해 주는 길입니다.

만일 배우자의 외도가 확실한 상황이라면, 자신의 감정과 생각을 분명하게 전달하고, 외도로 인해서 부부의 친밀감과 행복 그리고 믿음으로 세운 가정이 처참하게 깨질 수 있다는 것을 분명히 전달하십시오. 부모나 형제자매보다 좀 더 안전한 사람을 통해 도움을 받으십시오. 상담을 받는 것도 도움이 됩니다.

부부는 다른 이성으로 인해 하나님이 세워 주신 관계가 깨지지 않도록 더욱 연합하고 친밀함을 갖기 위해 노력하는 것이 중요합니다. 외도 이후 회복으로 갈 수도 있지만, 관계가 깨질 수도 있음을 인지해야 합니다. 외도는 충분히 이혼 사유가 되는 일입니다. 한순간의 유혹으로 가정이 깨어질 수도 있으니 아예 시작부터 하지 않도록 조심해야 합니다. '나는 괜찮다'라고 자신하지 마십시오. 선 줄로 생각하는 자는 넘어질까 조심해야 합니다.

외도할 틈을 주지 말라

누구나 외도의 유혹으로부터 자유로울 수는 없습니다. 사역자건 직분자건, 부부 관계가 좋은 경우에도 외도의 유혹이 있을 수 있다는 것을 알고 조심해야 합니다.

그렇다면 외도를 방지하기 위해서는 어떻게 해야 할까요? 부부가 서로의 하나 됨을 지키기 위해 더욱 서로에게 집중해야 합니다. 그러기 위해서는 부부의 친밀감을 높일 수 있는 정기적인 데이트와 대화가 필요합니다. 숨김없는 감정의 대화들이 부부 사이를 더욱 깊게 만듭니다. 혹시 다른 이성에게 흐르는 정서적인 친밀감이 있다면 멈추십시오. 배우자가 아닌 다른 이성과 배우자와 나누지 않는 이야기를 나누거나 둘만의 은밀한 시간을 보내고 있다면 즉시 그 만남을 멈추십시오. 하나님께서도 두 마음을 품는 것을 책망하셨습니다. 다른 이성에 대한 마음을 접도록 매 순간 주님의 도우심을 구하며 말씀과 기도에 집중할 것을 권합니다. 그리고 조금도 틈을 내어 주지 말기를 바랍니다. 더 기도하고, 더 말씀을 사모하며, 예배의 자리를 사수하십시오.

이성과 단둘이 차를 타야 할 경우에는 이성을 뒷좌석에 앉게 하십시오. 그렇게 말하기가 불편하다면 아예 앞좌석에 앉지 못하도록 의자를 앞으로 재껴 놓으십시오. 또는 뒷자리에서 편하게 가라며 뒤쪽 문을 열어 주십시오. 당신의 옆자리는 배우자만 앉을 수 있는 자리로 인식하게 해야 합니다. 배우자의 사진이 들어간 쿠션을 제작하는 것도 하나의 방법입니다.

또한 이성과 이유 없이 카톡이나 전화로 사생활에 대해 나누지 않도록 하십시오. 배우자와 나누지 않는 이야기를 다른 이성과 나누는 것은 특히 더 위험합니다. 무엇보다 밤늦은 시간에 이성과 연락하는 것을 조심하십시오. 그 대신 배우자와 더 많이 대화하고 좋은 시간을 보내는 일에 노력하기 바랍니다. 다른 생각이 들지 않게끔 배우자에게 더 집중하십시오.

혼자서 감당이 안 될 때는 전문가의 도움을 받는 것이 좋습니다. 한 남편이 결혼 후에 아내 외의 다른 여자에게 마음이 가는 것을 알고 상담을 요청해 왔습니다. 아내에게 불만이 없는데 다른 여자에게도 마음이 간다는 것이었습니다. 아무리 애를 써도 감당이 안 되어 상담을 받으러 온 것이었습니다. 이 남편은 늘 부모와 동생들을 보호하고 케어하는 삶을 살았습니다. 조금이라도 쉬면 안 되는 삶을 살아온 것입니다. 그러다 보니 늘 무거운 책임감으로 눌려 있었고, 아내 또한 자기가 책임지고 돌봐야 하는 사람이다 보니 쉬고 싶고, 자유롭고 싶었다고 합니다. 그러다가 어떤 여자를 만나 대화를 나누는데 자유롭고 편안해서 더 만나고 싶고, 더 함께하고 싶었다고 합니다. 그 여자와 함께할 때 오는 자유를 갈망하다가 여기까지 온 자신을 인지한 후, 가족을 돌보는 일을 조금 줄이고 아내와 평소에 하고 싶었던 취미 생활을 하기로 했습니다. 시간이 지난 후, 자신이 그때 그 여자를 선택했다면 정말 후회하고 고통스러운 삶을 살았을 거라며 자신의 심리를 알게 된 것에 대해 감사했습니다.

반면에 한 남편은 지속적인 외도로 아내와 자녀들에게 큰 상처를 주었습니다. 이 남편의 외도는 분명한 잘못입니다. 어떤 이유를 대어도 잘못입니다. 이 남편은 성장 과정에 늘 무섭게 통제하는 어머니 밑에서 늘 주눅 들어 살았습니다. 아내도 따뜻한 사람이 아니다 보니 자신을 인정하고 세워 주는 누군가가 있기를 바랐는데, 회사 여직원이 자신을 인정하고 세워 주니 그 직원과 깊은 나눔을 하고 관계까지 갖게 된 것입니다. 철저히 후회하고 돌이키려 했지만, 아내와 아이들은 이미 마음의 문을 닫고 관계를 단절해 버렸습니다.

이처럼 외도는 가족과의 관계가 단절될 만큼 큰 잘못입니다. 우리는 이것을 인지하고 그 길로 가지 않도록 주의하며 하나님의 도우심을 구해야 합니다.

그 어떤 것도 외도의 이유가 될 수는 없다

"외도한 배우자로 인해 힘든 시간을 보내고 있습니다. 자기는 아무 일도 아니라고, 육체적 관계를 맺지 않았다고 말하지만 다른 이성과 주고받은 대화의 내용은 거의 연인 수준입니다. 그런데도 그 이성이 함께 있는 직장을 옮기지 않고 있습니다. 배우자를 신뢰하기가 너무 어렵고, 이 관계를 앞으로 어떻게 해야 할지 모르겠습니다."

외도는 상처받은 배우자가 느끼는 감정에 의해 정의되기도 합니다. 육체적 관계를 맺지 않았어도 정서적으로 다른 이성과 친밀한 관계를 맺고 있는 것이 배우자에게 외도라고 느껴진다면, 그것은 외도가 될 수 있습니다.

외도하는 사람들이 말하는 외도의 원인은 다양합니다. 배우자와의 관계가 밋밋하고 생동감이 없어서, 살아 있다는 것을 느끼기 위해, 너무 외로워서, 여행지나 출장지에서의 새로운 상황으로 인한 설렘 등의 이유로 외도를 합니다. 또한 부부관계에서 힘이 없는 약한 배우자가 외부의 누군가로부터 챙김이나 위로를 받을 때 상대에게 마음이 가서 외도를 하기도 하고, 일터에서 이성과 함께 많은 시간을 보내거나 동호회 같은 곳에서 활발하게 활동하는 이성과 외도를 합니다. 이처럼 외도의 원인은 다양하지만, 아무리 이유가 있어도 외도는 합리화될 수 없습니다. 외도는 당사자의 잘못일 뿐, 어떤 이유든 그 책임을 배우자에게 지울 수는 없습니다.

외도한 사람은 외도가 발각됐을 때 화를 내고 속상해하는데, 그 이유는 대개 외도한 상대와의 관계를 끝내고 싶지 않기 때문입니다. 배우자에게 발각되어 외도가 끝나게 되면 슬퍼하며 상대를 그리워하는 동시에, 배우자에게는 미안함과 죄책감으로 인한 복잡하고 충동적인 감정들을 느끼게 됩니다. 이때 그 감정을 빨리 정리한 후 배우자에게 속죄하고 신뢰를 주어야 그나마 부부 관계가 회복될 수 있습니다. 그런 안전감을 주지 않으면 외도한 배우자를 받아 주기가 너무 어렵습니다.

사람이 원하는 것은 삶에 예측이 가능하고, 안전함을 느끼며, 무슨 일이 일어날지를 알아 통제할 수 있는 것입니다. 그러다 보니 외도한 배우자로 인해 통제할 수 없는 일이 일어나면 두려움을 갖습니다. 배우자가 그 두려움을 갖지 않도록 예측 가능한 자신의 모든 일상을 알려 주어야 합니다.

외도한 배우자는 미안함과 슬픔을 소통을 통해 계속 보이고 알려 주는 것이 회복과 신뢰를 쌓는 과정입니다. 배우자가 외도의 이슈로 화를 내고 고통을 호소할 때면 그것을 끝까지 받아 주고 견뎌야 합니다. 오랜 시간 미안함을 전해야 합니다. 이 과정에 뭘 그렇게까지 해야 하느냐고 묻는 이들도 있는데, 외도는 그리 간단한 문제가 아니라 배우자와의 신뢰와 신의가 깨어진 일이기에 평생 미안해하면서 살아야 합니다. 상처난 살에 약을 발라 주는 과정이라고 생각하고 미안함을 전하는 약을 계속 발라 주어야 치유될 수 있습니다.

상대 배우자의 외도로 배신을 당한 배우자가 해야 할 일은, 마음의 평안을 찾으면서 배우자를 신뢰하려고 노력하는 것입니다. 외도한 배우자는 계속 신뢰를 쌓기 위해 노력하고, 배신을 당한 배우자는 믿으려는 노력을 해 가는 것이 필요합니다.

상담을 해도 회복되기 어려운 경우가 있고, 상담하러 와서 앉아 있어도 회복을 원하는 사람이 있는가 하면 그냥 와서 앉아 있는 사람도 있습니다. 상담을 받는다고 다 회복을 원하는 것은 아닙니다. 몇몇 경우는 상간녀 소송을 한 아내들도 있습니다. 배우자가 도저히 뉘우치지 않고 외도를 지속하는 모습에 소송까지 간 것입니다. 얼마나 고통스러운 과정인지 모릅니다. 그렇기에 외도가 발각되고 나면 모든 영역에 있어서 배우자가 신뢰할 수 있도록 노력해야 합니다. 필요하면 직장을 옮길 수도 있어야 합니다. 자신의 동선을 알려 주면서 배우자가 믿을 수 있게 해야 합니다. 그런 노력은커녕 의심되는 행동을 계속하게 될 때, 소송까지 가거나 이혼할 수 있다는 것을 알아야 합니다.

배우자를 통해 외도가 발각되었을 때의 상처보다 외도한 사람이 스스로 외도를 멈추고 자신의 잘못을 뉘우친 후 미안한 감정들을 전할 때의 상처가 덜합니다. 혹시 배우자가 아닌 다른 이성과 정서적인 선이나 육체적인 선을 넘었다면, 바로 멈추고 회개하십시오. 더 가지 말아야 합니다. 더 가게 되면 상상할 수 없는 파국을 경험하게 될 것입니다.

외도로 인해 관계 회복이 어려워 이혼한 크리스천 부부들이 있습니다. 외도는 그만큼 회복이 어려운 이슈라는 것입니다. 외도의 유혹으로부터 넘어지지 않도록 매 순간 주님의 도우심을 구하며, 배우자와의 친밀함을 위해 지속적인 노력이 있어야 합니다.

음란물 중독, 가짜 위안과 왜곡된 만족

"우연히 남편이 수많은 음란물을 시청하고 있다는 것을 알게 됐습니다. 그럴 수도 있다는 생각보다 실망감이 너무 커서 놀랐습니다. 음란물을 통해서 성적인 필요를 채우고 있다는 생각이 들었고, 아내인 제가 너무 초라해지기까지 했습니다. 실망감과 자괴감이 드는 상황에서 제가 어떻게 하는 것이 좋을까요?"

포르노를 비롯한 음란한 영상물을 시청하는 남편을 발견한다면 아내는 매우 실망스럽고, 남편이 부정적으로 인식될 것입니다. 특히 평소 신앙생활에서 모범을 보이는 남편이라면 더 큰 실망감을 경험하게 될 것이고, 아내는 남편의 성적인 기준이나 순전성에 대한 기대가 무너지는 것을 느낄 것입니다. 이런 경우 아내는 자신이 느낀 실망감에 대해 남편에게 솔직하게 나누되, 사실에 근거한 비난보다 자신의 심정을 나누는 것이 좋습니다. 크리스천으로서 평소 나타냈던 소견과 상반되는 행동으로 보여 실망스러운 마음이 들었음을 비난하는 어투로 말하기보다, 긍휼한 마음으로 표현하는 것입니다.

먼저는 공감적 경청으로 남편의 이야기를 충분히 들어 주십시오. 남편이 습관적인 경향으로 음란물을 시청하는 것인지, 아니면 부부 관계의 불만족으로 인한 것인지 남편의 말을 먼저 충분히 들어 보는 것이 좋습니다. 음란물을 시청하는 남편으로 인해 아내들이 가질 수 있는 주된 감정은 실망감입니다. 이에 더해서 자신이 초라해지는 것 같은 낮은 자존감을 느낍니다. 아내인 자신과의 관계에 만족하지 않고, 영상물이기는 하지만 음란물 속 이성과 가상의 성관계를 하는 것으로 느낄 수 있어 남편에 대한 실망감뿐 아니라 자신에 대한 실망감, 초라해지는 기분, 낮아지는 자존감, 배우자와의 단절감을 경험합니다. 이때 남편은 이런 아내의 기분을 잘 들어 주어야 합니다.

어쩌면 음란물을 보는 행동은 단순한 사적 영역의 문제가 아닐 수도 있습니다. 어떤 배우자는 이런 남편의 행동으로 인해 자신과 배우자에 대한 많은 부정적 인식을 가질 수도 있고, 부부의 관계에도 부정적인 영향을 끼칠 수 있습니다. 이처럼 중독적인 음란물 시청의 영향은 사적인 영역을 넘어서서 관계적인 영역으로까지 확대될 수 있습니다. 그렇기 때문에 음란물을 시청하는 남편은 현재 자신의 상태를 객관적으로 인식할 필요가 있습니다. 아내에게 들켰기 때문이 아니라, 믿는 자로서 자신의 성적 거룩성을 돌아보아야 합니다.

포르노를 비롯한 음란물 시청을 '건조한 성관계'라고 표현하기도 합니다. 결혼을 넘어선 성적 환상이라고도 말할 수 있습니다. 음란물 시청은 은밀히 행해지는, 드러내고 싶지 않은 사적인 행위이기 때문에 자신도 모르게 탐닉 혹은 중독의 수준까지 떨어질 수 있습니다. 자신이 음란물 시청을 통제할 수 있는 수준인지, 아니면 통제의 수준을 떠나 중독의 수준인지를 돌아보아야 합니다.

만일 음란물 시청을 통제할 수 없는 수준이라면 전문가의 처방과 치료, 상담을 받을 것을 권합니다. 음란물로 인해 어려움을 겪는 남편이라면 음란물에 대한 기준을 명확히 할 필요가 있습니다. 어느 정도 수준의 선정성이 있으면 음란물이라고 생각하는지, 성인물과 음란물, 포르노를 구분한다면 어떻게 할 수 있는지에 대한 기준이 필요합니다. 자신의 상황을 안전한 공동체에서 나누거나, 배우자와 음란물에 대한 서로의 생각을 나누어 보는 것도 좋은 방법입니다. 중독 수준으로 음란물 시청에 빠진 사람이라면 과거의 영향이나 자신에게 심리적 취약성이 있다는 것을 발견할 수 있습니다. 애착의 문제, 과거의 성적인 경험, 알코올 등 중독 경험들을 탐색하면서 현재 자신을 이해해 보는 것입니다. 그 이후 부부가 서로의 마음을 나누는 기회를 갖는 것이 도움이 됩니다.

하나님은 우리가 성적인 모든 죄를 피하고 거룩하며 순결하게 살기를 원하십니다. 음란물 시청은 자신의 영적인 영역에만 영향을 미치지 않습니다. 배우자와의 관계에도 부정적 영향을 미칩니다. 혹시 배우자와의 관계에서 느끼는 불만족으로 인한 도피처로 음란물을 탐닉하고 있지는 않은지 돌아보십시오. 음란물은 가짜 위안, 왜곡된 만족, 왜곡된 성적 판타지를 갖게 합니다. 관계의 불만이나 자신의 성적 판타지를 채우기 위해 가짜 만족을 주는 영상물에 빠진다면 문제가 있다는 것을 인식해야 합니다. 음란물 중독은 신앙을 위해서도, 배우자와의 관계를 위해서도 반드시 회복되어야 할 문제입니다. 자신을 인식하고, 고민을 나누는 가운데 도움을 받으며, 말씀과 믿음 안에서 회복해야 합니다.

"내 눈을 돌이켜 허탄한 것을 보지 말게 하시고 주의 길에서
나를 살아나게 하소서"(시 119:37).

자아상은 타인의 평가와 시선이 아닌,

자신이 스스로를 어떻게 생각하고 느끼는가입니다.

우리에게는 자신을 긍정적으로 평가하고 느낄 수 있는

자아상이 필요합니다.

5

건강한 자아상

당신을 통해
온전한 나를
발견했어요

건강한 자아상을 추구하라

자아상은 타인의 평가와 시선이 아닌, 자신이 스스로를 어떻게 생각하고 느끼는가입니다. 우리에게는 자신을 긍정적으로 평가하고 느낄 수 있는 자아상이 필요합니다. 성장 과정에서 자신을 부정적으로 생각하고 평가하고 느꼈던 사람이 갑자기 긍정적으로 되는 것은 어려울 수 있습니다. 하지만 자신에 대한 느낌들은 달라질 수 있기에, 회복하는 데 시간이 걸리더라도 포기하지 않으면 됩니다.

자아상이 건강한 사람은 자신을 있는 그대로 수용하고, 자신을 편안하게 생각합니다. 배우자와 타인도 있는 그대로 수용할 수 있습니다. 때문에 결혼 생활에서 배우자와의 건강한 관계를 유지하기 위해 자아상을 회복하는 일은 매우 중요합니다.

자아상이 건강하지 않은 사람에게서 나타나는 몇 가지 특징이 있습니다. 그중 첫째는, 비교로 인한 열등감으로 인해 스스로를 가치 없게 여깁니다. 자아상이 건강하지 않은 사람, 부정적인 자아상을 가진 사람은 자신을 누군가와 끊임없이 비교합니다. SNS를 보면서 부러워하기도 하고, 외모와 스펙, 학벌이나 재력을 비교하면서 자신을 비하합니다. 결혼 후에는 배우자의 직장과 수입, 집, 차를 다른 사람들과 비교하며 '난 이것밖에 안 돼, 난 형편없어, 난 보잘것없어' 하며 스스로를 비하합니다.

둘째는, 경계가 없어서 희생당하거나 다른 사람의 경계를 침범합니다. 경계가 없다 보니 자신이 원할 때 'Yes' 하기가 어렵고, 원하지 않을 때 'No' 하는 것을 힘들어합니다. 때로는 다른 사람의 영역을 함부로 침범합니다. 예를 들어, 부모가 시도 때도 없이 비밀번호를 누르고 집 안에 들어오는 것을 거절하지 못해 경계를 침범당하고, 부모는 자녀의 경계를 침범하는 것입니다.

셋째는, 사랑과 상황에 대해 왜곡해서 인식합니다. '다들 나를 싫어해, 나만 외로워, 나만 불행해' 하면서 상황을 제대로 인식하지 못하고 왜곡함으로 자신과 가족들을 힘들게 합니다. 한 아내가 결혼 후 부모의 결혼이 불행했듯이 자신의 결혼도 불행할 거라며 근거 없는 이유를 들어 이혼을 요구했습니다. 상담을 해 봤지만 인지 왜곡이 너무 심해서 소통이 되지 않았습니다.

넷째는, 자신과 타인을 비난하며 상처를 줍니다. '나는 안 될 거야, 나는 형편없어' 하면서 자신을 비난합니다. 가장 가까운 가족으로부터 들은 비난의 말들이 내재되어 있다가 스스로 회초리를 들고 비난하는 것입니다. 이렇게 자신을 비난하는 사람은 또한 타인을 비난합니다.

다섯째는, 실수를 용납하지 않고 완벽에 대한 강박을 갖습니다. 자신이 세운 기준에 도달되지 않았을 때 괴로워하고 못 견디는 완벽주의는 건강한 것이 아닙니다. 이런 사람은 실수를 용납하지 않습니다. 자신만 괴로운 것이 아니라 곁에 있는 가족들도 괴롭게 합니다.

여섯째는, 불안전한 애착 유형으로 건강하지 못한 관계 패턴을 만듭니다. 부부의 형태는 대개 한 사람은 도망자로, 한 사람은 추격자로 나타납니다. 두 유형 모두 친밀하고 안전한 관계를 원하는데, 안정적 애착을 경험하지 못해서 불안정 애착 유형으로 서로 상호 작용하는 것입니다. 당신과 배우자의 애착 유형은 무엇인지 다음의 '성인 애착 검사'로 알아봅시다.

성인 애착 검사 *

The Experiences in Close Relationship Scale(ECR) - Short Form

다음 질문을 읽고 자신을 가장 잘 설명하는 번호에 표시(○)하십시오.

1. 나는 도움이 필요할 때 사랑하는 배우자를 의지하는 것이 도움이 된다.

7	6	5	4	3	2	1
전혀 아니다	아니다	약간 아니다	보통이다	약간 그렇다	그렇다	매우 그렇다

2. 나는 배우자로부터 사랑받고 있는지에 대해 자주 확인하는 작업이 필요하다.

7	6	5	4	3	2	1
전혀 아니다	아니다	약간 아니다	보통이다	약간 그렇다	그렇다	매우 그렇다

3. 나는 배우자와 가까워지기를 원하지만 뒤로 자꾸 물러서곤 한다.

7	6	5	4	3	2	1
전혀 아니다	아니다	약간 아니다	보통이다	약간 그렇다	그렇다	매우 그렇다

4. 나는 배우자가 내가 바라는 만큼 서로 가까워지기를 원하지 않는다는 것을 발견한다.

7	6	5	4	3	2	1
전혀 아니다	아니다	약간 아니다	보통이다	약간 그렇다	그렇다	매우 그렇다

5. 나는 위로와 안심을 포함한 많은 필요를 배우자에게서 찾는다.

7	6	5	4	3	2	1
전혀 아니다	아니다	약간 아니다	보통이다	약간 그렇다	그렇다	매우 그렇다

6. 사람들과 좀 더 가까워지고자 하는 바람이 사람들을 겁나게 해서 오히려 멀어지게 만들 때가 가끔 있다.

7	6	5	4	3	2	1
전혀 아니다	아니다	약간 아니다	보통이다	약간 그렇다	그렇다	매우 그렇다

7. 나는 배우자와 너무 가까워지지 않으려고 노력한다.

7	6	5	4	3	2	1
전혀 아니다	아니다	약간 아니다	보통이다	약간 그렇다	그렇다	매우 그렇다

8. 나는 혼자 버려지는 것을 자주 걱정하지는 않는다.

7	6	5	4	3	2	1
전혀 아니다	아니다	약간 아니다	보통이다	약간 그렇다	그렇다	매우 그렇다

9. 나는 보통 나의 문제와 걱정을 배우자와 상의한다.

7	6	5	4	3	2	1
전혀 아니다	아니다	약간 아니다	보통이다	약간 그렇다	그렇다	매우 그렇다

10. 배우자를 필요로 할 때 그 사람이 옆에 없으면 크게 실망하게 된다.

7	6	5	4	3	2	1
전혀 아니다	아니다	약간 아니다	보통이다	약간 그렇다	그렇다	매우 그렇다

11. 나는 배우자가 너무 가까이 다가올 때 긴장하게 된다.

7	6	5	4	3	2	1
전혀 아니다	아니다	약간 아니다	보통이다	약간 그렇다	그렇다	매우 그렇다

12. 나는 내가 배우자를 사랑하고 아끼는 만큼 그 사람이 나를 사랑하고 아끼지 않을까 봐 걱정한다.

7	6	5	4	3	2	1
전혀 아니다	아니다	약간 아니다	보통이다	약간 그렇다	그렇다	매우 그렇다

점수 해석 방법

불안 애착 다음 질문에 답한 숫자를 모두 더하시오.
　　　　　질문 2, 4, 6, 8, 10, 12 （합계:　　　　）

회피 애착 다음 질문에 답한 숫자를 모두 더하시오.
　　　　　질문 1, 3, 5, 7, 9, 11 （합계:　　　　）

＊ 합계 점수가 클수록 더 높은 불안 애착이나 회피 애착을 가리킵니다.

● Wei, M., Russell, D. W., Mallinckrodt, B., & Vogel, D. L, (2007). The experiences in Close Relationship Scale (ECR)-Short Form: Reliability, validity, and factor structure, Journal of Personality Assessment, 88, 187-204.

자아상을 회복하라

자아상을 회복하기 위해 해야 할 일은 첫째, 유니크(unique)한 자신을 존재만으로 사랑하는 것입니다. 유니크하다는 것은 이 세상에 하나밖에 없는 고유한 존재라는 것입니다. 이같이 고유한 자신을 귀하게 여기십시오. 있는 그대로를 수용하고 좋아해 주십시오. 그럴 수 있는 근거는, 하나님이 우리 각 사람을 그렇게 만드셨기 때문입니다.

에베소서 2장 10절에서 우리는 하나님의 최고의 작품이라고 하셨습니다. 하나님은 나라는 존재를 그 자체로 사랑하십니다. 스바냐 3장 17절을 보면 하나님이 우리 각 사람으로 말미암아 기쁨을 이기지 못하고, 우리를 즐거워하며, 우리를 잠잠히 사랑하신다고 기록되어 있습니다. 하나님은 우리가 아무것도 하지 않아도, 그냥 숨만 쉬어도 사랑하십니다. 마찬가지로 배우자와 자녀들을 사랑한다는 것은 존재 자체를 사랑하는 것입니다. "당신이 이렇게 할 때 사랑할 거야", "네가 이렇게 할 때 엄마, 아빠가 널 사랑할 거야"가 아닙니다. 그냥 존재로 사랑하는 것입니다. 그전에 먼저, 당신 자신을 존재 그 자체로 사랑하십시오.

둘째, 삶의 안전한 울타리를 만드는 것입니다. 자아상이 건강하기 위해서는 자신을 보호할 수 있는 경계선이 있어야 합니다. 경계선이란 타인과 분리된 자기 인식을 의미합니다. 나인 것과 내가 아닌 것, 선택할 것과 선택하지 말아야 할 것, 원하는 것과 원하지 않는 것이 무엇인지를 상대방에게 말해 줄 수 있어야 합니다. 이때 선택은 스스로 할 수 있어야 합니다. 특히 자신이 원하지 않는 것에 대해 거절할 수 있어야 합니다.

경계선은 자신을 보호하는 울타리입니다. 경계를 잘 세우기 위해서는 자신의 한계가 어디까지인지를 알아야 합니다. 내가 무엇을 원하고 무엇을 원하지 않는지, 내가 무엇을 할 수 있고 무엇을 할 수 없는지를 알아야 합니다. 그래야 'Yes'와 'No'가 가능해집니다. 한계를 정하고, 거절할 수 있는 힘을 키우고, 관계와 감정의 경계선을 가지십시오. 또한 부드럽고 친절하게 거절하십시오. 경계선을 긋는 자신을 자책하지 마십시오. 이는 서로를 존중하고 보호하기 위한 것입니다.

셋째, 비합리적인 신념과 생각과 감정을 합리적으로 바꾸는 것입니다. 인지적 재구성이 필요합니다. '모두 날 싫어해', '나는 환영받지 못해'라는 왜곡된 생각을 재구성해야 합니다. 예를 들어, '모두 날 싫어해'라는 왜곡된 생각이 들면 '나를 싫어하지 않는 사람이 누가 있지? ○○이, □□이, △△이가 있어. 이 친구들이 있다는 것은 모두 나를 싫어하지 않는다는 거야'라고 재구성하는 것입니다.

생각과 감정의 길을 다른 방향으로 내십시오. 인지적 재구성을 하는 데에는 무던한 노력이 필요합니다. 먼저는 생각하고 느끼는 것에 대해 질문하십시오. '진짜 그런가?' 그리고 사실 여부를 체크해서 그 생각과 감정들을 반박하십시오. 이런 연습들을 통해 길이 달라질 수 있습니다. 혼자 하기 어려울 때는 건강한 사람의 도움을 받아서 재구성해 가십시오.

넷째, 강박적인 의무감을 벗어 버리고 자기 비난을 멈추는 것입니다. 해야 하는 것과 하지 말아야 하는 것이 너무 많은 사람이 있습니다. '실수하면 안 된다', '거절하면 안 된다', '잘해야 한다', '완벽해야 한다' 등의 강박적인 의무감을 내려놓으라는 것입니다. '완벽하지 않아도 돼', '좀 실수해도 돼', '거절해도 돼' 하며 자기를 허용해 줄 수 있어야 합니다. 당신에게 있는 강박적인 의무감은 무엇입니까? 그것이 무엇이든 강박적인 의무감을 내려놓고 인간으로서 갖고 있는 연약함과 실수들에 대해 수용할 수 있어야 자아상이 건강해질 수 있습니다. "실수해도 괜찮아", "이 정도면 충분해"라고 말해 주십시오.

다섯째, 작은 성취를 자주 경험해 보는 것입니다. 자신이 하고 싶거나 좋아하는 일을 해 보는 경험을 자주 하면 자존감이 올라가고 자아상도 건강해집니다. 타인의 요구와 필요에 맞추기보다 자신이 하고 싶고 좋아하는 것을 목표로 세워서 해 보십시오. 예를 들면, 읽고 싶은 책 사서 읽기, 가고 싶은 곳에 가 보기, 일주일에 세 번씩 20분간 산책하기 등 자신을 위해 무엇인가를 성취할 때 자존감이 올라갑니다. 자신 안에 있는 욕구를 들여다보고 하고 싶은 것이 무엇인지를 찾아내는 것이 중요합니다. 자주 자신의 필요를 찾아보십시오.

마지막으로, 어릴 때 안정 애착이 되지 못했다면 배우자를 통해 안정 애착을 경험하는 것입니다. 부부가 서로 안정감과 신뢰를 주고받으면 애착 유형이 달라지면서 건강하게 상호 작용할 수 있게 됩니다. 관계에서 안정적인 사랑, 불안하지 않고 감정적으로 따뜻한 사랑을 경험하게 될 때 안정적인 애착 관계를 형성할 수 있습니다.

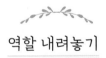

역할 내려놓기

부부가 서로 사랑하지도 않고, 갈등도 해결하지 못하며, 자주 싸우고, 부모로서 자녀들을 제대로 양육하지 않을 때, 자녀들은 자기답게 살지 못하고 역기능적인 역할을 하게 됩니다. 많은 사람이 가정에서 하고 있는 역기능 역할에 대해 알아봅시다.

대리 배우자 역할

부부가 싸우고 나면 한 자녀에게 자신의 감정을 쏟아내며 자녀를 통해 위로를 받고자 하는 경우가 있습니다. 배우자 대신 자녀를 통해 위안과 위로를 받는 것입니다.

부모 중 한쪽과 밀착, 융합되어 모든 것을 다 해 주고 위하는 자녀들이 있습니다. 부르면 당장 달려가고, 원하는 것을 다 주려고 합니다. 기억하십시오. 당신은 자녀이지, 엄마나 아빠의 배우자가 아닙니다. 자신의 배우자보다 부모를 더 우선하거나 많은 시간과 마음을 써서 케어하지 않도록 경계를 잘 세우십시오.

영웅 아이 역할

자녀를 가정에서 영웅으로 키우며 "네가 우리 집의 기둥이야, 네가 소망이야, 너만 잘되면 돼"라고 말해 자녀에게 가정의 승패가 달려 있게 하는 것입니다. 사실 영웅 아이는 자기 인생을 살지 못합니다. 영웅 아이에게는 '내가 잘못되면 우리 집은 망한다. 나는 이 집안의 소망이기에 부모님이 원하시는 대로 맞추어야 한다'는 강박이 있습니다. 자녀를 영웅 아이로 키우지 말고, 자기 인생을 살아가는 자녀로 키우십시오.

가족을 돌보는 역할

이 역할을 하는 사람은 부모만 돌보는 것이 아니라, 가족 전체를 돌봅니다. 특히 장남이나 장녀 중에 이런 경우가 많습니다. 이는 부모가 늘 "동생 잘 돌봐라, 집안일 좀 해라" 하면서 자신들이 져야 할 의무와 책임을 자녀에게 맡겨 무거운 중압감으로 가족을 돌보며 살아가게 했기 때문입니다. 이들 중 일부는 때로 가정의 경제적인 짐까지 떠안습니다. 무슨 일만 나면 가서 가족의 문제를 해결하려고 합니다. 부모가 해야 할 일은 부모가 해야 합니다. 자녀가 부모의 역할을 감당하게 하지 마십시오. 역할이 아닌 자신을 돌보면서 자신의 삶을 살게 해 주십시오.

착한 아이 역할

착한 아이는 '내가 없는 사람'입니다. 자신의 생각이나 감정과 욕구는 철저히 무시하고 타인의 것에 자신을 맞추는 것입니다. 착한 아이는 거절할 수 없습니다. 모든 것에 'Yes'로 답합니다. 이런 사람은 사회에서 착하다고 인정받으며 살게 되지만, 그 역할에 몰입되어 자신을 표현하는 것이 어려울 수 있습니다. 자신의 생각과 감정, 욕구를 건강하게 표현해 보십시오.

어릿광대 역할

이 역할을 하는 자녀는 부모 사이에 긴장감이 돌거나 불안함이 느껴질 때 재미있는 말이나 행동으로 분위기를 전환하려고 합니다. 한 예로, 집에 들어갔는데 집 안에 긴장감이 돌면 "우리 치킨 먹을까? 영화 볼까?" 하면서 분위기를 전환하기 위해 애씁니다. 또는 부모에게 가서 광대 같은 행동으로 분위기를 바꾸려고 합니다. 두렵고 긴장되는 분위기를 바꾸려고 광대 짓을 하는 것입니다. 자녀가 이렇게 애쓸 때의 심정이 어떨지 생각해 보십시오. 자녀는 긴장하고 불안해합니다. 자녀가 부모의 비위를 맞추거나 분위기 전환을 위해 너무 애쓰지 않도록 어른들이 어른답게 행동해야 합니다.

희생양 역할

부모가 자신들의 갈등과 문제를 자녀에게 투사해 자녀 때문이라고 탓하는 경우가 있습니다. "너만 없으면, 너만 아니면 우리 집은 괜찮은데" 하면서 한 자녀를 문제아로 만들어 버립니다.

부부가 갈등을 회피하기 위해 자신들의 문제를 자녀에게

투사하면, 이 자녀는 실제로 문제를 일으키게 되고, 자신 때문에 집안이 엉망이 되었다고 느끼며 스스로를 문제아로 인식하게 됩니다. 지속해서 문제아라는 말을 들으며 가족 안에서도 환영받지 못하다 보면 사회생활에서도 문제를 일으키게 됩니다.

처음부터 문제아인 경우는 없습니다. 이 자녀는 부모가 그렇게 만들어 간 것입니다. 가족 체계가 문제여서 자녀를 그렇게 만드는 것입니다. 그러한 체계를 바꿀 수 있는 가족이 되어야 합니다.

자신이 어떤 역할로 살아왔고 지금 어떤 역할을 하고 있는지 먼저 살펴보십시오. 그러고 나서 그 역할을 내려놓으십시오. 더 이상 어떠한 역할을 하면서 살지 말고 '나로서', '나답게' 살아가기 바랍니다.

관계와 삶을 깨뜨리는 성격 장애

"이상 심리의 배우자 때문에 너무 고통스러워요. 상담을 받으러 가자고 해도 자기는 문제없다면서 저보고만 상담 받으라고 합니다. 관계의 개선을 위해 조금도 노력하지 않는 아내와의 결혼 생활을 어떻게 해야 할까요?"

이런 케이스의 상담을 할 때가 종종 있습니다. 자기 인식이 전혀 안 되는 사람은 상담을 받으러 와도 변화가 어렵습니다. 배우자를 탓하며, 배우자만 변하면 아무 문제없다고 생각합니다. 심리 검사 결과도 인정하지 않고, 상담사의 말도 잘 듣지 않습니다. 여러 사람이 이야기해도 듣지 않습니다. 이런 배우자와 사는 사람은 삶이 진짜 어렵습니다. 이런 부부에게 상대를 배려하며 맞추라고 하면 자신의 존재 가치가 없어지면서 삶이 너무 고통스럽고 힘겹습니다.

이런 사람 중에는 성격 장애자가 많습니다. 말 그대로 장애입니다. 성격 장애자와는 함께하는 삶뿐 아니라 대화조차도 어렵고 힘겹습니다.

성격 장애에는 여러 유형이 있는데, '경계성 성격 장애자'는 부부 간에 분리가 된다고 생각할 때 심한 비난을 퍼부으며 무섭게 행동합니다. 정서가 불안정해서 충동적이며, 관계를 파괴할 정도의 행동을 합니다. '편집성 성격 장애자'는 배우자를 지속적으로 불의하거나 근거 없이 의심하며, 지나치게 과

민합니다. 또한 자신의 권리에 지나치게 집착합니다. '의존성 성격 장애자'는 주위 사람들에게 돌봄 받는 것을 과도하게 요구하고, 혼자 있는 것을 불안해하며, 모든 책임을 타인에게 돌립니다. '자기애성 성격 장애자'는 자신만 중요하고, 비현실적인 자신감을 갖고 있으며, 관심을 받기 위해 지나치게 노력합니다. 상대가 자신을 비판한다고 느낄 때는 상대를 심하게 모독하며 분노합니다.

이런 성격 장애자들과의 결혼 생활은 결코 쉽지 않습니다. 성격 장애인지를 알기 위해서는 정확한 심리 검사가 필요한데, 문제는 성격 장애자의 경우 이런 검사를 절대로 수용하지 않고 배우자와 상담사를 비난한다는 것입니다.

변화가 매우 어렵지만, 성격 장애를 개선하기 위해서는 자신을 직면하는 용기를 가지고 시간이 걸리더라도 치료를 위해 적극적으로 노력해 보기 바랍니다. 또한 회복을 위해 기도하며, 오랜 시간이 걸리더라도 가족을 위해 치료를 포기하지 말아야 합니다. 이런 노력을 하지 않으면 배우자와 자녀들은 당신 옆에서 살기가 어렵고, 가족들조차 병리적으로 될 수 있다는 것을 기억하면 좋겠습니다.

부부는 서로를 치유하고
함께 성장해 가는 관계입니다.
이런 치유와 성장이 있기 위해서는
부부가 서로의 필요를 알고
사랑으로 채워 줄 수 있어야 합니다.

6

원가족과 쓴 뿌리

당신과의 떠남이
기대돼요

왜 이 배우자와 결혼했을까

"아버지와 닮은 사람하고는 절대 결혼하지 말아야지 결심했는데, 결혼하고 보니 남편이 아버지를 똑 닮아 무뚝뚝하고 따뜻하지 않은 사람이었어요. 따뜻한 사랑을 받고 싶었는데 그렇지 않은 남편을 볼 때마다 열불이 나고 화가 나서 남편을 비난하게 됩니다. 아버지한테도 못 받은 따뜻한 사랑을 남편에게도 받지 못하니, 저는 너무 외롭습니다."

부모와 다른 배우자를 만나려고 결혼 상대를 선택했는데, 결혼 생활에서 부모와 비슷한 배우자의 모습을 보게 된다면 정말 고통스러울 것입니다. 우리는 무의식적으로 부모의 긍정적이고 부정적인 이미지를 가진 배우자에게 끌려서 결혼합니다. 완전히 똑같지는 않지만, 몇 가지 이미지가 유사한 것입니다. 너무 익숙해서 끌리는 것도 있고, 부모에게 받고 싶었던 것을 부모와 비슷한 배우자를 통해서 채움 받으려고 선택하기도 합니다.

부부가 결혼 생활을 하면서 서로 힘겨루기를 하고 갈등하는 이유 중 하나는 어릴 적 미해결된 과제로 인한 것입니다. 어린 시절 부모에게 원하고 바랐던 것이 이루어지지 않은 채 성인이 되어서 배우자를 통해 미해결 과제를 마치려 하는 것입니다. 부부가 서로의 미해결 과제를 이해하고 그 필요를 채워 준다면, 부부 관계는 더 안전하고 친밀해질 수 있습니다.

지금은 회복되어 친밀하게 지내고 있는 한 부부가 있습니다. 상담을 온 남편은 어린 시절 집에 밥이 없어 배가 고팠고, 어머니가 자신의 힘든 마음을 공감해 주기는커녕 자신을 차갑게 거절했다고 합니다. 어린 시절의 필요가 채워지지 않은 채 결혼한 남편은 그것이 아내를 통해 채워지기를 바랐고, 필요가 거절될 때마다 힘들어하며 아내에게 화를 냈습니다. 상담을 통해 어린 시절 남편의 상처와 필요를 이해한 아내는 남편에게 밥을 해 주고, 그의 감정을 공감해 주려 노력했습니다. 그러자 상처가 치유되고 결핍이 채워지면서 남편은 아내에게 진심으로 고마워했고, 남편도 최선을 다해 아내를 사랑하면

145

서 지금은 아주 친밀하게 지내고 있습니다.

또 하나의 사례는 이혼의 위기가 있었던 부부입니다. 아내는 자유로움을 찾아 남편을 떠나고 싶어 했고, 남편은 아내를 놓기 힘들어했습니다. 아내는 어릴 때부터 가족을 돌보는 역할을 감당하고 있었습니다. 자신의 삶이 없었습니다. 그러다 보니 결혼은 했지만 남편과의 관계가 지루하고 재미없다고 느껴질 때마다 떠나고 싶어 했습니다.

남편은 어릴 때 부모로부터 칭찬을 받고 싶어 했습니다. 부, 모는 칭찬을 하지 않았고, 남편은 그 칭찬을 목말라했습니다. 남편은 잘하고 있다는 칭찬을 원했는데, 떠나고 싶어 하는 아내를 볼 때마다 자신이 무능력한 남편으로 인식되어 힘들어했습니다. 남편은 아내가 이혼을 요구하자 자신이 실패자라고 여겨져 괴로워하며 상담을 받으러 왔습니다.

이 부부를 상담하면서 어린 시절 부모에게 원했던 것을 나누게 했습니다. 가족을 돌보느라 자신의 삶을 살지 못하고 보호 없이 자랐던 아내는 안정감과 분명한 울타리를 원했다고 말했습니다. 그러면서 어릴 때 원했던 것을 현재 남편이 채워 주고 있음을 알게 되었습니다. 지루하고 재미없는 사람이라고만 생각했는데, 남편이 자신에게 안정감과 울타리가 되어 주고 있음을 알게 되자 아내는 남편에게 고마워했습니다. 그리고 지금까지 사랑과 안정감을 주어 고맙다고 말하자, 남편도 자신을 인정해 주는 아내에게 고마워했습니다. 상담 5회 만에 부부의 갈등은 끝났고, 현재까지도 결혼 생활을 잘 유지하고 있습니다.

부부는 서로를 치유하고 함께 성장해 가는 관계입니다. 이런 치유와 성장이 있기 위해서는 부부가 서로의 필요를 알고 사랑으로 채워 줄 수 있어야 합니다. 자신과 배우자 안에 있는 내면 아이를 보고 어린 시절의 필요를 채워 줄 때, 배우자는 치유되고 성장합니다. 배우자를 다 큰 성인으로 보지 말고 그 안의 내면 아이를 바라봐 주십시오. 그 내면 아이가 치유되고 성장하도록 도와주는 배우자가 되십시오. 이 과정에는 하나님의 은혜와 사랑이 필요합니다. 하나님의 크신 사랑으로 그 아이의 필요를 충분히 채워 줄 수 있는 부부로 함께 치유하고 성장해 가십시오. 배우자의 존재를 받아 주고 사랑하기 위해서는 우리를 무조건적으로 사랑하고 받아 주신 하나님의 사랑을 경험하고 나누는 것이 필요합니다.

이 과정에서 오해하지 말아야 할 것은, 배우자는 부모가 아니라는 것입니다. 부모처럼 채워 줄 것을 기대하지 마십시오. 배우자와 새로운 관계의 형태로 서로의 필요를 채워 주는 성숙한 사랑으로 서로를 사랑하십시오.

- 각자에게 주신 하나님의 사랑과 은혜가 얼마나 크고 깊은지 나누어 보라.
- 배우자의 이미지 중 부모님에게도 있는 이미지는 무엇인가?
- 어린 시절에 부모님에게 원하고 바랐던 것이 있다면 무엇인가?
- 배우자와 함께 서로의 필요를 나누고 그 필요를 채워주는 사랑을 시작해 보자.

관계의 패턴을 바꾸라

이전에는 저의 필요가 채워지지 않을 때 남편에게 화를 내고 남편을 추격했습니다. 남편은 이런 저를 늘 회피하고 도망 다녔습니다. 저희 부부는 이렇게 10년 정도를 추격자와 도망자로 살았습니다. 그런데 놀랍게도 많은 경우 추격자와 도망자의 모습으로 부부 관계가 유지되고 있는 것을 보았습니다.

이렇게 추격하고 도망하는 데는 이유가 있습니다. 어린 시절 불안형 애착을 경험한 사람은 관계에 있어 배우자에게 매달리고 그를 추격합니다. 관계가 멀어지는 것을 견디지 못하고, 떠나갈 것에 대한 불안으로 인해 배우자를 쫓는 것입니다. 이런 추격자의 심리에는 안전하게 연결되고 싶은 욕구가 있습니다. 하지만 이 욕구를 건강하게 표출하지 못하고 추격자의 모습으로 그 욕구를 드러내는 것입니다.

반면에 회피형 애착을 경험한 사람은 관계에 있어 숨이 막히는 경우 언제든 도망을 갑니다. 늘 안전한 거리가 필요하고, 자신을 그냥 두기를 바라는 욕구가 있습니다. 사실 회피형 애착을 경험한 사람의 심리에는 친밀함에 대한 욕구가 있습니다. 친밀해지기를 바라지만, 그 친밀함으로 인한 거절과 두려움으로 인해 도망가는 것입니다.

저는 불안형 애착으로 자란 추격자였고, 남편은 회피형 애착으로 자란 도망자였습니다. 저는 남편을 통해 안전감을 누리고 싶어 쫓아갔는데, 그럴수록 남편은 더 멀리 도망갔습니다. 남편은 저를 통해 따뜻한 사랑을 받고 싶고 친밀감을 느끼기 원했는데, 추격해 오는 제가 부담스러워 도망가게 된 것입니다.

저희 둘의 관계의 패턴이 바뀐 것은 제가 추격을 멈추고 나서부터였습니다. 저는 추격 대신 남편에게 부담스럽지 않은 거리에서 부드럽게 요청했습니다. 당신이 옆에 와 주면 좋겠다고 요청한 후 잠잠히 기다렸습니다. 그러면 남편은 저와의 거리가 안전함을 확인한 후 제 옆에 와 주었습니다. 화내거나 쫓아가는 대신 부드럽고 따뜻하게 필요를 이야기했을 때, 남편은 저와의 관계에서 안전감이 느껴지자 도망가지 않고 제 옆으로 와 준 것입니다. 그러면서 저와 소통했고, 저희 둘은 안전한 공간에서 아주 편안하게 서로의 필요를 이야기하며 따뜻함을 경험했습니다.

부부 사이에는 공간이 있습니다. 이 공간이 안전해야 대화를 나누거나 무엇인가를 할 수 있습니다. 안전하지 않기에 대화하지 않고 피하는 것입니다. 추격자와 도망자의 패턴으로 살아가는 부부가 있다면 두 사람 사이의 공간을 따뜻하고 안전하게 만들어 보기 바랍니다. 그러기 위해 추격자는 추격을 멈추고 기다리십시오. 그러면 도망자인 배우자가 다가올 것입니다. 도망자인 배우자도 용기 내어 다가가 친밀함을 원한다고 말해 주십시오. 그러면 추격자인 배우자는 안전함 속에서 다가올 것입니다.

부부는 안전하고 친밀한 관계를 원합니다. 다만 방법을 몰라 서로 추격하고 도망하는 것입니다. 기다려 주고 요청하면 배우자는 다가올 것입니다.

부부의 패턴을 바꾸십시오. 비난, 경멸, 분노, 회피, 쫓아감, 도망감이 아닌, 부드럽고 친절한 요청, 존중, 배려, 기다림, 소통으로 패턴을 바꾸십시오. 부정적인 상호 작용이 아닌 긍정적인 상호 작용으로 바꿀 때, 부부는 안전하고 친밀한 관계로 성장해 갈 수 있습니다.

배우자를 바꾸는 것이 아니라 패턴을 바꾸는 것입니다. 부정적인 패턴이 아닌 긍정적인 패턴으로 변화할 때 부부의 상호 작용은 달라질 것입니다. 시간이 걸리더라도 부부의 상호 작용 패턴을 긍정적으로 바꾸는 노력을 해 보기를 바랍니다.

원가족을 통해 배우자를 알아 가자

얼마 전, 부부 회복 프로그램을 진행하면서 원가족 그리기를 했습니다. 원가족 그리기는 동적 가족화(Kinetic Family Drawing)를 모티브로 한 투사적 그림 그리기의 한 방식입니다. 원래 동적 가족화는 상담 과정에서 언어로 가족 간의 관계에서 느끼는 심리적 상태를 표현하기 어려워하는 대상이 가족의 역동과 친밀도 등을 그림으로 표현할 수 있도록 돕는 것입니다. 그림을 그리면서 자신의 갈등을 표현하게 하거나, 자신도 모르는 무의식적인 부분을 표현할 수 있도록 하는 방법입니다.

원가족 그리기는 부부 각자가 어린 시절의 기억나는 자신과 원가족을 그린 후 서로에게 자신의 이야기를 나누는 것입니다. 이 과정에서 가족의 역동과 정서적 친밀감의 정도, 개인의 기본적인 감정, 분위기 등 다양한 것을 알 수 있습니다. 그림을 통해 자신의 이야기를 충분히 나누면서 부부는 서로에 대해 더 깊이 이해할 수 있게 됩니다. 또한 부부 갈등을 건강하게 극복할 수 있는 기본적인 이해의 시간을 갖게 됩니다.

저는 원가족을 그리면서 다시 한 번 저 자신을 이해할 수 있었습니다. 그러면서 "나는 이런 성장 과정이 있었어", "내가 갖는 주된 감정은 이런 거야", "원가족과의 관계는 이랬어" 등의 많은 이야기를 나눌 수 있었습니다. 그리고 나눌 때마다 새롭게 인식되는 부분이 있었습니다.

이번 원가족 그리기에서 가장 눈에 띄는 부분은 원가족 간의 거리와 그 거리에서 느끼는 애착, 친밀감의 정도였습니다. 저의 원가족 그림은 가족끼리 아주 밀착, 융합된 모습이었습니다. 경계선이 없는, 더 솔직히 말하면 경계선을 함부로 침범하는 가족이었습니다. 반면에 남편의 원가족 그림은 가족 간에 상당한 거리가 있었습니다. 한 집에 사는 가족이지만 서로 연결 고리가 없는 모습이었습니다. 가족 간의 거리감이 상당했고, 자연스럽게 애착과 친밀감의 정도가 매우 낮은 모습이었습니다. 그러다 보니 저는 남편의 거리가 멀게 느껴질 때마다 자주 서운함을 경험했습니다. 저는 아주 밀접한 거리였기에 남편이 거리를 둘 때마다 저를 멀리하는 것 같아서 서운했던 것입니다. 자라 온 가정 배경이 달라서 오해가 생긴 것이었습니다.

남편의 '약한 가족 결속'과 저의 '강한 가족 결속'이 부딪힐 때마다 저는 갈등과 서운함을 드러냈고, 결혼 초기에는 이로 인해 어려움이 있었습니다. 약한 결속과 개인적인 성향으로 인해 회피하려는 남편과 쫓아가는 저의 추격전이 반복되었습니다.

저희는 함께 원가족 그림을 살펴보면서 상대방에 대해 더 깊이 이해할 수 있었습니다. 그림 작업을 하면서 분명하게 드러난 것은, 저희 부부의 기본 정서가 불안이라는 것입니다. 인간은 모두 불안에 대한 자신의 이야기가 있습니다. 과거에 겪었던 불안의 경험들이 현재의 삶에 영향을 미치는 경우가 많습니다. 남편의 불안의 이슈는 갑작스러운 가족의 사고와 관련이 있습니다. 가족의 죽음을 경험하면서 부모님의 사건 사고에 대한 불안의 메시지가 지속적으로 남편에게 주어졌습니다. 개인적인 불안의 이슈로 인해 남편의 인생에서 도전, 열정, 모험, 변화, 창조 등은 매우 불편한 용어가 되었습니다. 저의 불안의 이슈는 부모님의 싸움을 지켜보면서 생긴 것입니다. 이 불안은 저에게 갈등 상황이 되면 화를 내게 하는 요인이 되었습니다. 저희 부부는 서로의 불안을 이야기한 후 상대를 이해하고 용납하는 대화를 나누었습니다. 그러면서 "아, 그래서 당신이 그랬구나!", "당신을 더 잘 이해하게 됐어"라고 말해 주었습니다.

그림 하나로 부부가 대화를 하고 서로를 깊이 이해하는 시간을 갖게 되었습니다. 남편의 기본적인 정서를 이해하지 못하고 새로운 도전을 계속 요구했다면 저희 부부의 갈등은 증폭되었을 것입니다. 남편도 불안할 때 화를 내는 저의 정서를 이해하지 못했다면 저를 아주 멀리 두었을 것입니다.

원가족 그리기는 부부가 함께 이야기할 수 있는 다양한 주제를 발견하게 합니다. 부부가 부담 없이 자신의 가족을 그리고, 서로 과거의 경험과 그것이 현재 어떻게 영향을 미치고 있는지를 나눈다면 서로에 대한 더 깊은 앎을 갖게 될 것입니다. 부부는 계속 알아 가고 격려하며 세워 주는 관계입니다. 배우자를 다 안다고 생각하지 말고, 배우자를 더 궁금한 마음을 가지고 알아 가는 시간을 가져 보십시오.

원가족 그리기

어릴 적 원가족과 함께했던 기억나는 장면을 그린 후 가족 간의 거리가 어떠했는지, 가족 안에서 느꼈던 주 감정은 무엇인지 배우자와 함께 나누어 보라.

- 그림을 보며 자신의 주 감정을 찾아보라.
  예) 즐거움, 기쁨, 두려움, 슬픔, 불만, 수치심 등
- 어떤 사건들이 이런 주 감정을 갖게 했는가?

역기능 가정의 특징

저의 원가족은 역기능 가정입니다. 제대로 기능하지 못해서 가족 관계가 힘들었습니다. 가족의 규칙도 많았고, 경계도 없었고, 가족 간에도 역기능 역할로 살았습니다. 그러다 보니 대화도 안 되고, 갈등을 해결해 본 경험도 없고, 신뢰를 갖는 것도 쉽지 않았습니다. 많은 가정이 역기능 가정의 특징을 갖고 있기에 그것을 나누어 보려고 합니다.

첫째, 역기능 가정에는 규칙이 너무 많습니다. 그 규칙을 가족들이 따라 주기를 바랍니다. 그러면서 그 규칙을 따르지 않으면 죄책감을 느끼게 합니다. 예를 들면, '말을 잘 들어야 한다, 착해야 한다, 말대꾸하면 안 된다, 무조건 순종해야 한다, 의견을 말하면 안 된다, 다른 사람들에게 가정에 대한 이야기를 하면 안 된다, 비밀을 지켜야 한다, 울면 안 된다, 성실해야 한다, 예배는 반드시 모교회에서 드려야 한다' 등의 규칙을 가족들이 따르도록 강요합니다. 이는 가족 구성원들에게 너무도 숨이 막히는 것으로, 자유롭지 못하고 규칙에 매이게 합니다. 융통성 없는 가족의 규칙은 구성원들을 경직되게 하고 그틀에 갇히게 할 뿐 아니라, 관계에서도 규칙을 만들기에 대인

관계도 어렵게 됩니다.

둘째, 역기능 가정은 경계가 불분명합니다. 경계가 불분명해서 무엇을 할 수 있고 없는지가 모호합니다. 가족 구성원들이 자신이 원하는 것과 하고 싶은 것을 말하기가 어렵고, 말한다고 되지도 않습니다. 가장 쉬운 예로는 거절을 못 합니다. 'No'를 할 수 없습니다. 거절하는 것이 허용되지도 않습니다. 그러다 보니 본인이 무엇을 원하는지조차 깨닫기가 어렵습니다. 그저 전체에 맞추거나, 힘 있는 누군가에게 맞추어서 살게 됩니다.

셋째, 역기능 가정은 가족 체계가 제대로 서 있지 않습니다. 건강한 가정은 부부 체계가 먼저이고, 그다음이 부모 체계, 형제자매 체계입니다. 하지만 역기능 가정은 부부가 우선이 아닙니다. 특히 한국 가정은 자녀 체계가 더 우선이어서 자녀를 중심으로 돌아갑니다. 부부는 자녀를 위해 존재할 뿐, 부부의 관계에 우선순위를 두지 않습니다.

넷째, 역기능 가정은 소통이 안 됩니다. 대화 자체가 되지 않다 보니 감정을 나누는 것은 더욱 어렵습니다. 갈등이 해결되지도 않습니다. 갈등이 있을 때마다 심하게 싸움이 일어나거나 단절로 가기가 쉽습니다.

다섯째, 역기능 가정은 신뢰가 어렵습니다. 가족 구성원들이 서로를 신뢰하지도 않을뿐더러 타인에 대한 신뢰도 어렵습니다. 그러다 보니 관계를 안전하게 맺는 것이 어려울 수 있습니다.

원가족이 역기능 가정이다 보니 결혼해서 건강한 가정을 만드는 것이 처음에는 쉽지 않았습니다. 하지만 하나하나 기능적으로 세워 가다 보니 지금은 그나마 기능을 잘하는 가정이 되었습니다. 건강한 가정을 만들기 위해 원가족과 현재의 가족의 모습을 비교하고 어떤 역기능이 있는지를 살펴본 후 시간이 걸리더라도 바꾸어 나가는 노력을 해 보기 바랍니다.

건강한 가정을 세우기 위한 단계적 계획

한 달 안에 바꾸어 볼 것
예) 부부를 우선으로 한다. 규칙을 찾아보고 규칙을 내려놓아 본다.

3개월 안에 바꾸어 볼 것
예) 감정을 나누는 대화를 해 본다. 경계를 갖고 가족을 대한다.

6개월 안에 바꾸어 볼 것
예) 갈등을 대화로 해결해 본다.

1년 안에 바꾸어 볼 것
예) 가족끼리 서로를 신뢰하고, 편안하고 안전한 거리를 갖고 대화하며, 갈등 시에는 대화로 해결한다.

자신과 배우자 안에 있는
내면 아이를 보고
어린 시절의 필요를 채워 줄 때,
배우자는 치유되고 성장합니다.

자녀는 분명 하나님께서 주신
놀라운 축복의 선물입니다.
자녀를 양육한다는 것은 말할 수 없는 기적으로,
하나님의 창조 역사에 동참하는 것입니다.

7

자녀와의 건강한 애착

우리 가정에 하나님 나라를 세워요

자녀와의 건강한 애착을 형성하라

"임신 중인데 도저히 좋은 부모가 될 자신이 없습니다. 남편도 좋은 사람이 아닌 것 같아서 저희가 좋은 부모가 될 수 있을까 너무 걱정이 됩니다. 부모님으로부터 따뜻한 양육을 받고 자라지 못했기에 아이를 어떻게 키워야 할지 걱정입니다. 애착이 중요하다고 하는데, 애착이 잘 안 된 저희가 아이를 잘 키울 수 있을까요? 애착을 잘하고 싶은데 방법을 알려 주세요."

"세 살 버릇 여든까지 간다"는 속담이 있습니다. 세 살 때까지의 양육이 중요함을 말해 주는 속담입니다. 그렇다고 애착이 세 살 때까지만 되는 것은 아닙니다. 애착 형성은 평생에

걸쳐 가능합니다. 그래도 세 살 때까지 자녀와의 애착을 위해 노력해 주는 부모가 되면 좋겠습니다. 뇌 과학적으로도 일생을 살아가는 동안에 필요한 신뢰감, 기본적인 사랑, 관계에 필요한 기본적인 감성이 세 살 이전에 형성된다고 합니다.

세 살까지는 정서의 뇌가 자라는 시기입니다. 아이는 세 살까지 인생을 위한 정서의 기초 공사가 이루어지기에 부모의 양육 방식은 그 기초를 든든하게 세워 주는 기둥이 됩니다. 놀라운 사실은, 부모의 양육 성향이 자녀의 두뇌의 크기까지 결정한다는 것입니다. 사랑받고 자란 아이의 뇌는 크고 잘 발달된 반면, 사랑 없이 자란 아이의 뇌는 작고 검은 빛깔을 띤다고 합니다. 해마(hippocampus)도 사랑받고 자란 아이가 훨씬 크다고 합니다. 또한 사랑받고 자란 아이는 다른 사람에게 공감할 수 있는 사회성이 발달할 가능성도 더 큽니다. 때문에 세 살 때까지 사랑이 충족되고 마음껏 다양한 것을 접촉하면서 살아가는 것이 중요합니다.

애착을 형성하는 데 있어 중요한 세 가지는 민감성, 반응성, 일관성입니다. 먼저 민감성은 아이의 필요에 민감하게 반응해 주는 것입니다. 아이가 울 때 배고파서 우는지, 소변이나 대변을 싸서 우는지, 졸려서 우는지 아이의 필요에 민감하게 반응해 주는 것입니다. 그리고 반응성은 아이와의 상호 작용입니다. 아이와 눈을 맞추고 사랑한다고 말하며 상호 작용을 하는 것입니다. 아이가 빵긋빵긋 웃으면 같이 웃으며 아이의 감정에 반응해 주는 것입니다. 마지막으로 일관성은 지속해서 일관되게 아이를 대하는 것입니다.

애착에도 여러 유형이 있습니다. 그중 안정형 애착은 세 가지를 지속적으로 일관되게 해 줄 때 아이가 '나는 참 괜찮은 존재구나', '나는 사랑받을 만한 존재구나'라고 느끼며 안정과 신뢰를 갖게 되는 것입니다. 반면 불안형 애착은 주양육자의 감정 기복이 심해서 일관되지 않게 아이를 대하는 것입니다. 어떨 때는 화를 내고 어떨 때는 칭찬하면서 감정이 널뛰다 보니 아이가 불안해서 엄마에게 매달리는 애착입니다. 엄마가 자신을 떠날까 봐, 엄마가 자신을 버릴까 봐 불안한 것입니다. 그리고 회피형 애착은 양육자가 아이에게 있어 감정적으로 사막 같은 존재입니다. 감정의 친밀감을 주지 않다 보니 아이가 거리를 두고 회피하는 것입니다. 아이가 안정형 애착으로 자라도록 사랑으로 양육하십시오. 자녀가 어릴수록 안정감과 신뢰를 주기 바랍니다.

스콧 펙(Morgan Scott Peck)은 사랑을 이렇게 정의했습니다. "사랑은 자신과 타인의 정신적 성장을 위해서 자기를 확대해 가려고 하는 의지다." 부모인 자신과 자녀의 정신적 성장을 위해 자신을 확대해 가는 사랑을 지속적으로 해야 합니다.

자녀 양육에 대한 불안

"자녀를 잘 키울 수 있을까 늘 불안합니다. 아이가 어려움을 겪게 될까 봐 노심초사합니다. 주님께 맡긴다고 기도는 하면서도 매사에 불안해하는 저를 보면 한심한 생각이 듭니다. 이런 불안은 어떻게 해야 없어질까요?"

부모가 자녀로 인해 불안을 갖는 것은 당연합니다. 저도 아이가 성인이 되었지만 불안한 마음을 갖고 삽니다. 문제는 이 불안이 자신에게서 끝나지 않고 배우자와 아이들에게 가 닿아 더 안 좋은 영향을 미칠 때입니다.

불안은 확인된 실체 없이 막연하게 경험하는 불안정한 마음의 상태입니다. 심리적인 안정감과 편안함이 사라진 상태를 의미합니다. 정상적으로 불안을 느껴야 하는 상황에서는 이 불안이 우리를 보호하는 장치로 작용합니다. 하지만 막연한 상황에서 생기는 불안은 심리적으로 위축되게 하고, 절망감과 공포감을 느끼게 합니다.

어떤 불안이든 그 성격은 개인적인 심리적 느낌과 경험에 의한 것이 많으며, 개인에게서 멈추지 않고 끊임없이 타인을 향해 전이되려는 성질을 가지고 있습니다. 삶의 긍정도 전파력이 있지만, 삶의 불안이나 부정적인 감정과 생각도 큰 전파력이 있습니다. 특히 부모와 자녀의 관계에서 불안은 여과 없이 전수될 가능성이 큽니다. 이러한 이유로 부모의 불안 지수가 높은 경우에는 대개 자녀도 불안 수준이나 우울감이 높을 가능성이 있습니다.

이처럼 불안은 세대를 넘어 전수됩니다. 더 건강하고 삶을 능동적으로 살아가는 자녀로 키우고자 한다면, 부모는 자신의 불안을 통제하거나 인식하고, 그 문제를 해결할 필요가 있습니다. 혼자 해결하기 힘들다면 전문가와의 상담을 통해 자신 안에 있는 불안의 실체를 발견하고 해결할 수 있도록 외적도움을 받는 것이 좋습니다.

또한 불안은 전염됩니다. 부모의 불안이 그대로 자녀에게 전달됩니다. 때로는 불안이 증폭되어 전달되기도 합니다. 부모는 자녀가 자신이 경험했던 것과 비슷한 상황에 놓이면 자신의 불편하고 불안했던 경험이 내면에서 올라와 그것을 표출하게 됩니다. "그 일 하지 마!", "잘 안 될 거야", "얼마나 힘든데", "사고 나면 어떡해", "내가 겪어 봐서 잘 알아" 등 부모의 불안이 부정적인 언어를 타고 자녀의 마음에 심기게 됩니다. 그러면 자녀는 불안을 강화시키는 말들로 인해 부모의 불안을 동일하게 답습합니다. 부모의 불안은 부모 자신이 해결해야 하는 감정입니다. 부모가 겪었던 불안하고 불행한 경험을 자녀도 동일하게 겪게 될 거라는 신념은 왜곡된 확신이라 할 수 있습니다.

인간은 자신의 경험에서 오는 다양한 기억과 감정을 축적하면서 살아갑니다. 긍정적인 경험뿐만 아니라 부정적이고 고통스러웠던 경험까지 의식 혹은 무의식의 영역에 간직한 채 살아갑니다. 부정적이고 힘들었던 경험은 인간이 삶을 주도적이고 긍정적으로 살아가는 데 있어 큰 걸림돌이 되기도 합니다. 어떤 충격적이고 강력한 경험은 외상 후 스트레스 장애를 유발하기도 합니다. 자녀를 대하는 데 있어 부모의 불안이 동기가 되어서는 안 됩니다.

반대, 억압, 불안 전가, 부정적 예언, 잔소리, 끊임없는 걱정, 잦은 전화, 억압, 통제하려는 시도를 멈추십시오. 때로는 부모가 자녀의 결정과 행동을 보면서 지혜로운 충고를 전달할 필요가 있습니다. 부모는 자녀가 보지 못하는 것을 볼 수 있고, 자녀가 경험하지 못했던 것을 경험해 보았기 때문에 지혜로운 조언을 해 줄 수 있습니다. 하지만 조언이나 충고가 지나치면 억압과 속박이 될 수 있기에, 조언을 해 주더라도 최종 결정은 자녀가 할 수 있도록 허락해 주어야 합니다. 부모의 불안에서 시작된 염려가 동기가 되어 자녀의 결정을 조정하는 일은 없어야 합니다. 청소년 혹은 성인 자녀와의 관계에서 오는 갈등과 어려움 등이 혹시라도 부모의 불안과 염려에서 기인한 것은 아닌지 살펴보세요. 부모의 불안이 마음 울타리를 뛰쳐나가 자녀와의 관계를 허물어뜨리지 않도록 자신의 불안을 잘 처리하십시오.

불안이 느껴질 때마다 불안을 인지하고, 수용하고, 표현하십시오. 말로 해도 좋고, 글로 써도 좋고, 안전한 사람에게 나누거나 기도를 해도 좋습니다. 어떤 방법으로든 불안을 표현해 보십시오. 깊은 호흡도 도움이 되고, 운동을 하거나 산책을 하는 것도 도움이 됩니다. 자신의 불안은 자신이 처리하는 성숙한 부모가 되기 바랍니다.

한목소리로, 단호하되 따뜻하게

부모는 자녀의 행동을 수정하고자 훈육합니다. 훈육은 자녀
에게 무엇을 하면 되고, 무엇을 하면 안 되는지를 가르쳐 주는
것입니다. 이때 훈육은 야단치는 것, 혼내는 것, 때리는 것이
아닙니다. 말로 가르치는 것이 훈육입니다. 인간으로서 지켜
야 할 도리를 말로 잘 가르쳐 주십시오. 예를 들어, "동생을 때
리면 안 되는 거야", "친구를 밀치거나 욕하면 안 되는 거야",
"다른 사람의 돈을 훔치면 안 되는 거야"라고 분명한 말로 가

르치는 것입니다.

자녀가 잘못했을 때 시행할 수 있는 다양한 훈육 방법이 있습니다. 우선 '생각하는 의자에 앉게 하기'입니다. 이는 아이들의 연령에 따라 시간을 조절해야 하고, 반드시 부모가 보이는 안전한 곳에 있게 해야 합니다. 또한 방치의 느낌이 들지 않도록 아이를 인격적으로 다루어 줘야 합니다. 또 하나는 '놀이 금지'입니다. 부모의 기분에 따라 정하는 것이 아니라, 서로가 약속한 범위 안에서 진행해야 합니다. 이러한 훈육 방법을 통해 아이가 자신의 행동에 대해 책임질 수 있는 능력을 가르쳐야 합니다. 한편, 체벌은 자녀를 두렵게 해 그 순간에 자녀를 통제하고 위협하는 것이지, 훈육은 아닙니다. 체벌로 인한 두려움, 수치심, 분노로 자녀들은 고통을 당합니다.

훈육에 대한 생각 차이로 부부가 갈등을 겪는 경우를 종종 보는데, 지혜로운 합의가 필요합니다. 자녀 훈육에 관해서는 포기하지 말고 서로의 의견을 조율하여 합의점을 찾으십시오. 어쩔 수 없다고 생각해 한쪽의 성숙하지 못한 자녀 훈육 방법을 허용해서는 안 됩니다. 특히 자녀를 학대하거나 폭력을 행사할 때는 배우자와 맞서십시오. 자녀를 안전하게 지키고 보호하는 것이 우선입니다. 자녀는 자신을 안전하게 지키고 보호해 주는 부모로 인해 자신의 존재를 소중히 여깁니다.

너무 엄하게 아들을 혼내고 강요하는 아버지가 있었습니다. 무서워서 말도 못하고 늘 기죽은 채 눌려 살다가 아들이 학교 폭력을 당했습니다. 아버지가 무서워 저항하지 못하다 보니 상급생이 무섭게 할 때 저항할 수 없었던 것입니다. 나중에 상담을 통해 알게 된 것은, 아들 안에 부모와 자신을 폭행한 상급생에 대한 분노가 너무도 컸습니다. 결국 그 분노는 우울함이 되어 심한 우울 장애로 치료를 받았습니다. 아들은 엄마에게도 상처가 있었는데, 자신을 보호하지 않고 방관한 것에 대한 상처였습니다. 나중에 부모가 사과했지만, 아들은 사과를 받아들이기까지 오랜 시간이 걸렸습니다. 자녀를 말로 분명하게 훈육하고, 부부가 한목소리로 일관되게 훈육하기 위해 노력과 대화, 절충이 필요함을 기억하십시오.

정리하면, 훈육은 자녀에게 옳고 그름에 대해 가르치는 것입니다. 인간으로서 사회생활을 하는 데 있어 무엇을 해야 하고 무엇을 하지 말아야 할지를 가르치는 것입니다. 훈육을 할 때는 부모가 일관성 있는 태도로 가르쳐야 합니다. 또한 부부가 함께 한목소리를 낼 수 있어야 합니다. 부부가 다른 소리를 낼 때 훈육의 효과는 떨어지게 됩니다.

오해하지 말아야 할 것은, 때리고 혼내고 야단치는 것은 훈육이 아니라는 것입니다. 훈육을 할 때는 자녀에게 "하면 될까, 안 될까?"라는 질문으로 선택하게 하는 것이 아니라, "하면 안 돼!"라고 분명하게 말해야 합니다. 예를 들어, "친구를 때리면 될까, 안 될까? 폭력을 행사하면 될까, 안 될까? 네 생각은 어떠니?"라고 묻지 않고 "친구를 때리면 안 돼. 폭력을 행사하면 안 돼"라고 분명하게 가르치는 것입니다.

부부가 한 팀이 되어 자녀 양육에 관한 일관된 방향과 가치를 갖기 위해 끊임없이 대화하고 조율하기 바랍니다.

육아 스트레스, 어떻게 풀어야 하는가

"결혼 3년차 아내입니다. 두 살 된 아이가 있습니다. 최근 육아로 지친 나날을 보내고 있습니다. 남편이 집안일을 함께 해 주는 것 같지만 부족함을 많이 느낍니다. 종일 아이와 씨름한 저는 남편이 퇴근하면 잠시 육아를 넘기고 싶은데 남편이 많이 피곤해서 쉽지 않습니다. 역할 분담이 제 마음같이 안 되고, 남편의 육아 역할이 저의 기대에 미치지 못합니다. 육아와 집안일로 갈등이 생겨서 스트레스가 쌓이고 있습니다."

저희 부부도 자녀의 영유아기 때 스트레스가 아주 많았고, 부부 갈등도 더 증폭되었습니다. 남편이 보고 싶은 마음에 퇴근하기만을 기다렸는데, 막상 문을 열고 들어오면 저도 모르게 짜증을 내며 남편을 힘들게 했습니다. 더 많은 집안일과 육아에 동참해 주기를 바라는데 남편이 알아서 해 주지 않으면 화를 내기도 했습니다.

영유아기 자녀를 둔 부모의 육아 스트레스는 학령기, 청소년기 자녀 양육에서 오는 스트레스보다 높은 편입니다. 결혼 초기이기도 하고, 경험적인 면에서도 스트레스를 더 많이 받습니다. 자녀는 축복이지만 부부에게 낯선 환경을 경험하게 하는 측면도 있어, 결혼 초기에 겪을 수 있는 육아 스트레스를 건강하게 해결해야 할 필요가 있습니다.

육아 스트레스를 경험하고 있다면 첫째, 마음을 환기할 수 있는 개인적인 시간과 자신을 돌아볼 수 있는 시간을 꼭 가져야 합니다. 영유아기 자녀의 양육이 힘든 이유는 쉬는 시간이 절대적으로 부족하기 때문입니다. 직장생활을 했던 아내라면 아이와 함께하는 시간이 행복하면서도 자신이 계속 소모되는 시간으로 여겨질 수 있습니다. 개인적인 쉼을 통해 부정적인 감정과 생각을 해소해야 합니다.

육아로 인한 부정적인 스트레스를 풀 수 있는 실천적 방법도 모색해야 합니다. 지진은 오랜 시간 지각에 쌓인 에너지가 축적되어 표출됨으로 발생합니다. 마찬가지로 육아로 인해서 심신이 지쳐 간다는 것은 부정적인 에너지가 심신에 쌓여 간다는 의미입니다. 그렇기 때문에 심신의 피로를 해소할 수 있는 시간을 확보해야 할 필요가 있습니다. 사람 만나는 것을 좋아하면 의지적으로 친구를 만나는 시간을 가지십시오. 야외 활동을 통해 심리적인 독소가 해소되는 것을 선호하면 외출을 해 보십시오. 이 시간은 선택이 아니라, 자신과 아이, 가족을 위해 꼭 필요한 시간입니다. 육아에 지쳐 자기연민과 처지 비관 등에 함몰되는 심리 상태를 피하고 마음에서 일어나는 부정적인 감정과 생각을 알아차릴 수 있어야 합니다.

많은 것이 부정적으로 해석될 수 있고 그 원망이 배우자와 환경을 향해 분출될 수 있어 긍정적인 생각과 인식으로 전환하는 노력이 필요합니다. 아이를 안전하게 보호하고 지켜 줄 사람이 있다면 자신을 돌보는 시간을 가지십시오. 아이가 안전하게 보호 받지 못한 상태에서 자신을 돌보는 것은 자녀를 방치하는 것입니다. 안전하게 자녀를 맡기고 잠시라도 자신을 돌보는 시간을 갖기 바랍니다.

둘째, 육아에 대한 기대 수준을 조정하고 역할 분담을 해야 합니다. 육아와 가사에서 작거나 하찮은 일은 없습니다. 빨래,

청소, 이유식 만들기, 목욕시키기 등 모든 것이 중요하고 의미 있는 활동입니다. 혼자 모든 것을 감당하기 어렵기에 부부가 함께 해야 합니다. 직장에 다니는 남편이라면 어떻게 가사와 육아에 참여할 수 있을지 아내와 상의하고 절충안을 찾아보십시오. '도와주는' 육아와 가사가 아니라, '함께하는' 육아와 가사라는 인식을 가져야 합니다. 물론 퇴근하고 귀가한 남편이 에너지를 비축할 수 있는 시간도 필요합니다. 육아에 포함된 세부적인 일들을 진솔하게 나누면서 업무 분담을 하십시오. 서로 담당해야 할 부분을 나누고 실천한다면 일명 '독박육아'라는 수렁에서 나올 수 있을 것입니다.

역할 분담에 있어서 유연성도 필요합니다. 역할 분담이 고정되어 있다면 이 또한 갈등을 유발할 수 있습니다. "왜 해야 할 일을 하지 않아?", "이것은 당연히 당신이 해야 할 일인데 언제 할 거야?"라고 말한다면 또 다른 양상의 갈등이 발생할 수 있습니다. 따라서 역할 분담을 하면서도 역할에 대한 유연성을 가져야 합니다. 역할의 유연성은 심리적 유연성과 관련이 있기에 부부 관계의 갈등을 줄이는 데 도움이 될 것입니다.

자녀는 분명 하나님께서 주신 놀라운 축복의 선물입니다. 자녀를 양육한다는 것은 말할 수 없는 기적으로, 하나님의 창조 역사에 동참하는 것입니다. 아이를 고대하면서 임신 기간을 거치고 출생하는 모든 과정은 놀라움입니다. 그럼에도 아이가 태어나면 부부와 가정은 많은 변화를 겪게 되고, 이 변화가 스트레스로 여겨질 수 있습니다. 육체적으로 힘들고, 자존감이 떨어질 수도 있으며, 심적 에너지가 매일 고갈되는 경험을 하기도 합니다. 이 상황에서 부부의 관계가 소원해지거나 서운해질 수도 있습니다.

통계적으로 보면 첫 아이를 출산한 이후 결혼 만족도가 내리막길을 걷습니다. 하지만 부부가 서로를 이해하는 자세로 육아의 힘듦을 충분히 나누면서 역할 분담과 역할의 유연성을 갖고 서로 격려하며 이 시간을 감당한다면, 부부의 친밀함은 더욱 견고해질 것입니다.

남편은 퇴근 후에 아내가 "여보, 수고했어"라고 말하며 반겨줄 때 힘이 난다고 합니다. 그리고 아내는 퇴근한 남편이 "오늘도 고생 많았지? 애썼어"라고 말하며 안아 줄 때 하루의 피곤이 사라진다고 합니다. 말 한마디와 따뜻한 터치가 서로의 관계를 안전하게 연결해 줄 수 있습니다. 서로 고생하고 수고한 배우자에게 감사의 말을 전하며 격려해 보십시오. 두 사람 모두 정말 수고하고 있음을 알아주면 좋겠습니다.

육아로 인한 탈진이 왔을 때

"저는 더 이상 결혼 생활을 유지할 힘이 없습니다. 결혼하고 나서는 집안일로, 자녀가 태어난 이후에는 육아로 하루가 쉴 틈 없이 지나갑니다. 삶이 너무 피곤하고 지쳐서 꼭 이렇게 살아야 하나 하는 회의가 듭니다. 특히 크리스천으로서 이런 생각을 한다는 것 자체만으로도 죄책감이 듭니다. 아무것도 할 수 없을 만큼 무기력해져 삶의 의미를 잃어버린 저, 회복할 수 있을까요?"

결혼하고 남편과 적응하며 사는 것은 그나마 괜찮았습니다. 성인인 두 사람이 분담할 수 있는 부분이 있고, 책임져야 할 일이 그다지 많지 않았기 때문입니다. 하지만 자녀를 출산하고 난 후 아이가 혼자 밥을 먹고 안전하게 걸어 다니기 전까지의 육아는 시간이 어떻게 가는지 모를 정도로 바쁘고 힘겹게 돌아갔습니다. 두 살 터울의 두 아들을 주양육자로서 7년 간 집에서 돌보았던 저는 매일이 전쟁이었고, 매일 회개하는 것이 일상이 되었습니다. 아이들 잘 때가 제일 예쁘고, 눈뜨고 시작하는 하루는 어떻게 돌아가는지 모를 정도로 정신이 없었습니다. 밥 좀 편하게 먹는 것, 잠을 푹 자는 것, 멍 때리며 쉬는 것, 카페에서 커피 한잔 마시는 것 등 아주 소소한 일상이 쉽지 않은 시간이었습니다. 우울감이 와서 베란다에 나갈수도 없었습니다. 아이들과 잘 놀면서 좋은 시간을 보내기도 했지만, 끝날 것 같지 않은 육아로 지치고 무기력해졌던 적도 많았습니다. 가장 힘들었던 것은 저 자신을 용납하기가 어렵고 자책하는 시간이 많을 때였습니다. 그런데 지나고 보니, 그 정도만 해도 저는 괜찮은 엄마였습니다.

어린 자녀를 키우고 있는 부모들에게 말해 주고 싶습니다. 자녀가 아빠나 엄마에게 좋다고 말하며 주절주절 이야기할 정도면 잘한 것입니다. 그 정도만 되어도 충분히 괜찮은 부모이니, 자책하지 말고 자족하며 하루하루를 살아가십시오. 우울할 때도 있고 무기력할 때도 있습니다. 하지만 그 감정이 24시간 유지되는 것은 아니지 않습니까? 좋은 부모에 대한 환상과 기대를 가지면 자책도 크니, 자신이 할 수 있는 만큼만하면 된다고 말해 주고 싶습니다.

살면서 '탈진'은 누구나 한 번쯤 경험하게 되는 일입니다. 탈진은 자신이 가지고 있던 모든 것을 쏟아 낸 후 바닥난 경험입니다. 누구보다 열심히 살았던 사람이 어느 날 갑자기 탈진해서 아무것도 할 수 없는 상황이 된다면 자신의 모습에 좌절하고 낙망하기 마련입니다. 우리의 결혼 생활에도 예외 없이 탈진이 찾아오고, 감당하기 버거운 일을 처리하는 가운데 어느 날 갑자기 멈춰선 자신을 만나기도 합니다. 육체적인 한계, 정서적인 한계, 영적인 한계를 경험하며 한없이 무너지는 느낌, 바닥난 느낌을 갖기도 합니다. 보통은 잘 쉬고 잘 먹으면 곧 회복되는데, 장시간 지속적으로 소실되는 자극을 받으면 활력이 모조리 빠져나가는 것을 경험하게 됩니다.

육아에 집중해야 할 시기에는 자신을 돌볼 시간이 극히 부족해집니다. 늘 '비상 대기조'가 된 것 같은 느낌을 받습니다. 아이는 매 순간 도움이 필요하고, 자신은 그 필요를 채워 줘야 하는 위치와 역할이기에 그러다 보면 탈진을 경험할 수 있습니다. 이때 탈진이 되면 무기력, 피곤, 우울을 경험하고, 대인관계를 회피하며, 힘과 열정으로 했던 일에 더 이상 열정과 힘이 생기지 않습니다. 자신이 소멸된 것 같은 불안을 느끼기도 합니다. 하지만 탈진은 무기력과 피곤과 우울의 형태로만 표출되지 않습니다. 때로는 갑작스러운 분노, 통제되지 않는 짜증으로 표현되기도 합니다. 아이들에게 다정다감했던 아빠가 어느 날 갑자기 이유 없는 짜증과 화를 내는 경우가 있습니다. 아이들에게 천사 같았던 엄마가 어느 날 갑자기 버럭 화를 내거나 짜증을 부리기도 합니다. 배우자의 짜증과 분노가 일반적인 훈육 차원을 벗어나 예측 불가능한 상황에서 표출되었다면 탈진을 생각해 볼 수 있습니다. 이때 배우자의 탈진과 그로 인한 배우자의 짜증과 분노에 맞받아쳐서 화를 내거나 싸우는 것은 바람직하지 않습니다. 그 짜증과 분노 뒤에 내재된 상대방의 마음의 상태를 볼 수 있는 지혜와 여유를 가져 보십시오.

육아 과정에서 아이들을 향한 짜증과 분노의 표출이 배우자의 탈진에서 기인된 것이라면, 충전 기회를 제안하기 바랍니다. 그러기 위해 배우자가 가장 하고 싶은 일이 무엇인지를 먼저 확인해 보십시오. 충분한 수면, 1박 2일 정도 혼자만의 여행, 기억나는 맛 집에서 식사하기, 친구들과의 만남과 충분한 대화, 아무것도 안 하고 자기, 자연에서 멍 때리기 등 탈진된 배우자가 회복을 위해 가장 하고 싶은 일이 무엇인지를 파악하십시오. 누구에게나 가장 좋아하는 일, 에너지를 얻는 일, 마음이 환기되는 활동 등이 있습니다. 과중하고 끝없이 요구되는 일에 파묻혀 살다 보면 그런 활동들과 단절되기 쉽습니다. 따라서 부부는 서로에게 가장 충전되는 시간이 무엇인지를 나눌 필요가 있습니다. 어떤 멋진 남편은 육아로 힘들어하는 아내에게 1박 2일 동안 혼자만의 시간을 가질 수 있도록 바다가 보이는 호텔을 예약해 주면서 지친 영육이 회복할 수 있게 배려해 주었습니다. 남편은 탈진된 아내가 가장 필요로 하는 것이 무엇인지를 알고 원하는 것을 해 준 것입니다.

물론 배우자의 배려를 흔쾌히 받아들이기 어려울 수 있습니다. 과도한 책임감이 자신의 발목을 잡을 수도 있고, 육아나 가사에서 잠시 손을 뗐을 때 발생할 수 있는 일들에 대한 염려와 불안으로 배우자의 배려를 받아들이기 어려울 수도 있습니다. 그러나 탈진된 상태에서 배우자가 회복과 쉼을 제안한다면 망설이지 말고 수용하십시오. 어떤 사람은 자신이 여유 있는 시간을 누리는 것을 몹시 부담스러워합니다. 그래서 쉴 기회, 충전할 기회가 주어져도 수용하지 못하고 거절합니다. 하지만 누릴 수 있는 상황에서 누리는 것도 결혼 생활에 꼭 필요합니다. 어린 자녀들은 남편에게 맡기고 잠시 집을 떠나 자신을 돌아보며 자신의 영적 회복을 위해 시간을 보내는 믿음의 도전을 해 보십시오. 저도 아이들이 어렸을 때 일주일에 3시간 정도는 카페에 가서 책 읽고 멍 때리기, 1년에 1회 친구들과 여행하기를 통해 힘든 시기를 잘 지나왔습니다.

탈진의 경고등이 이미 켜졌다면, 꼭 하지 않아도 될 육아나 가사를 잠시 내려놓으십시오. 그리고 자신에게 조금 관대한 시간과 마음을 허락해 주십시오. 내려놓음을 통해 채워짐을 경험하게 될 것입니다. 하루 하루 수고한 자신에게 이렇게 말해 주세요. "오늘도 수고했어. 이 정도면 충분해. 애썼어."

자녀에게 무엇을 전수해 줄 것인가

"아들을 무섭게 통제하는 저 자신을 볼 때 너무 괴롭습니다. 아들에게 그렇게 하고 싶지 않은데 강요하고 통제하는 저를 보면 자책이 됩니다. 엄마가 저를 무섭게 통제하고 간섭하셔서 저는 자녀를 그렇게 키우고 싶지 않았는데, 엄마보다 더 무섭게 통제하는 저 자신을 볼 때 힘이 듭니다. 어떻게 이 굴레에서 벗어날 수 있을까요?"

다세대 전수는 쉽게 말하면 대물림으로, 부모에게서 받은 것을 자녀들에게 그대로 전하는 것입니다. 부모로부터 긍정적인 것을 받아 전수하면 좋은데, 부정적인 것을 받아 자녀에게 전수할 때는 마음이 정말 힘듭니다.

위의 사례처럼 부모에게 부정적인 통제를 받은 사람이 자녀를 부정적으로 통제하는 경우를 종종 봅니다. 자신이 그런 부정적인 것을 전수하고 있다는 것을 인식하는 것부터가 회복의 시작입니다. 그런 후에는 부모의 부정적인 태도로 겪었던 감정이 무엇인지 알아보십시오. 무섭고 숨 막히고 힘겨웠던 감정을 알아차린 후 자신을 위로하고 치유하는 시간을 갖기 바랍니다.

앞에 빈 의자를 두고 부모를 떠올리며 하고 싶은 말을 하는 것으로도 치유가 됩니다. "엄마, 엄마가 무섭게 혼내고 통제할 때 너무 무섭고 두려웠어요. 저는 엄마가 저를 따뜻하게 대해 주기를 바랐어요. 통제하고 강요할 때마다 숨이 막혔어요. 엄마가 그럴 때마다 너무 고통스러웠어요. 이제 저는 엄마의 그 통제와 강요를 받지 않을 거예요. 저는 이제 저 자신을 그 틀에서 나오게 할 거예요. 저는 저를 따뜻하고 편안하게 대해 줄 거예요. 더 이상 제 안에 엄마가 했던 그 태도를 머물게 하지 않을 거예요"라는 식으로 하고 싶은 말을 충분히 해 보기 바랍니다.

또한 부모에게 받고 싶었던 대로 자신을 대하십시오. 다그치거나 자책하지 말고 따뜻하게 대해 주십시오. 그러다 보면 자녀의 입장에서 그 마음을 공감할 수 있을 것입니다. 자녀도 부모로부터 통제와 강요가 아닌, 따뜻한 사랑을 받고 싶어 한다는 것을 알게 될 것입니다. 자신을 대하듯 자녀를 대하십시오. 자신에게 따뜻하면 자녀에게도 따뜻하게 대할 수 있습니다.

혹시 자녀에게 통제와 강요로 힘들게 했던 것을 사과할 수 있으면 하십시오. 부모에게 듣고 싶었던 말을 자녀에게 해 주는 성숙한 태도를 가져 보기 바랍니다. 자녀의 마음을 들여다보면서 얼마나 힘들었는지 공감하고 사과할 때, 자녀는 부모인 당신보다 더 빨리 그 상처에서 벗어날 수 있습니다.

우울증으로 힘들어했던 엄마가 있습니다. 자신의 딸도 우울증 진단을 받았을 때 너무 괴로워했습니다. 부모의 정서가 자녀들에게 전수될 수 있음을 알아차리고 적극적으로 자신과 자녀의 치료를 시작했습니다. 딸과 함께 시간을 보내고, 여행을 다니고, 대화하기 시작했습니다. 딸은 괜찮을 줄 알았다고, 자신과 상관없을 줄 알았다고 합니다. 모든 부모와 자녀가 다 그런 것은 아니지만, 많은 영역에 있어 전수가 됩니다. 자녀들에게 어떤 것을 전수해 줄지, 어떤 정서와 어떤 태도를 전수해 줄지 부모인 우리는 고민하고 노력해야 합니다.

그러나 자책하지는 마십시오. 잘 모르기 때문에 생긴 일들도 있습니다. 그리고 부모와 상관없이 자녀들이 어려움을 겪을 수도 있습니다. 자책하거나 비난하기보다, 위로하고 격려하며 어려운 상황을 이겨 나가기를 응원합니다.

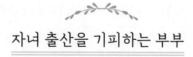

자녀 출산을 기피하는 부부

"결혼 4년차 부부입니다. 저는 아이를 낳고 싶은데 남편은 자꾸 미룹니다. 저와 남편 둘 다 30대 후반이라 나이가 적은 것도 아닙니다. 저는 하루빨리 아이를 낳아서 건강하고 행복하게 키우고 싶은데, 남편은 지금도 행복하다고 합니다. 남편이 아이를 싫어하는 것은 아닙니다. 친구들 아이나 조카들을 엄청 예뻐합니다. 하지만 양육비도 걱정되고, 나이가 많다 보니 아이를 잘 키울 자신이 없다고 합니다. 남편의 말을 공감하지 못하는 것은 아니지만, 속상하고 서운한 마음이 올라올 때가 있습니다. 서로 다른 생각을 조율할 방법이 없을까요?"

최근 '자발적 무자녀 부부'가 증가하고 있습니다. 많은 부부가 맞벌이를 하면서 부부 중심의 삶을 살아가는 라이프스타일을 추구합니다. 과거에 결혼한 부부가 가지고 있었던 생각이 달라지고 있는 것입니다. 결혼하고 자녀를 낳아 양육하며 산다는 관점에 변화가 생기고 있는 시대입니다.

사연 속 남편은 출산과 양육에 있어서 부담을 느끼고 있습니다. 충분히 이해할 수 있는 부분입니다. 출산과 양육에 관한 일반적인 인식으로 헌신, 책임, 의무감 등을 크게 느끼는 것이 현실입니다. 가장 큰 현실적인 벽은 양육의 경제적 측면입니다. 자녀를 양육할 때 지출하는 육아 비용, 교육비 등을 수치로 확인한다면 출산과 양육에 대한 부담이 훨씬 더 상승할 것입니다. 더 나아가 좋은 부모의 역할을 할 수 있을 것인지에 대한 확신이 없다면 더욱 출산 문제를 결정하기가 어렵습니다.

아내는 더 나이가 들기 전에 아이를 낳아서 건강하고 행복하게 키우고 싶어 합니다. 30대 후반임에도 자녀를 갖고 싶은 간절한 마음이 있습니다. 반면에 남편은 아이들은 예뻐하지만 경제적 문제, 양육에 대한 부담감으로 아이를 낳고 싶어 하지 않습니다. 저는 이들에게 먼저 서로의 마음을 나누고 충분히 공감해 주는 대화를 하게 했습니다. 그러자 아내는 남편의 부담감에 대해 충분히 공감해 주었고, 남편도 아내의 간절한 마음에 공감해 주었습니다.

두 사람은 서로의 마음에 있는 핵심적인 신념을 나누었습니다. 출산과 양육에 관한 핵심적 신념은 주로 불안과 염려였습니다. 경제적으로 감당하기 버거울 것이라는 신념, 부모의 역할을 잘 감당할 수 없을 것이라는 신념 등 자신이 가진 출산과 양육에 관한 부정적 신념을 충분히 나누었습니다. 자발적 무자녀 부부로 살아가고자 했던 동기가 마음 깊이 있었던 출산과 양육에 대한 부정적인 신념 때문이었기에 그 신념을 해소하는 시간을 가졌습니다.

결론적으로, 남편은 자신을 교육하기 위해 쏟은 부모의 모든 경제적인 수고와 애씀을 알았기에 자신은 자녀에게 그만큼 해 줄 수 없다는 생각이 컸고, 그렇게 하려면 평생 일만 해야 하는 자신의 삶이 너무 불안하고 힘들었던 것이었습니다. 서로의 마음에 충분히 공감하면서 아내는 남편의 마음에 확신이 생길 때까지 기도하며 기다려 주었고, 남편은 아내의 필요와 마음을 충분히 수용한 후 용기를 내기로 했습니다. 그러면서 출산과 양육에 관한 성경적 입장이 무엇인지를 깊이 나누고 기도하기 시작했습니다.

자녀를 주신 하나님이 자신들의 필요를 채우고 인도해 주실 것에 대한 믿음과, 세상의 방법이 아닌 자신들만의 가치와 믿음으로 자녀를 양육하겠다는 용기를 낸 이 부부에게 격려의 박수를 보내고 싶습니다. 자녀를 낳고 양육하는 것에 부담을 갖는 부부들에게 권면합니다. 자녀는 짐이 아니라 축복입니다. 하나님의 형상을 닮은, 우리 부부의 모습을 닮은 귀한 존재입니다. 이 시대가 출산에 대해 부정적으로 말할 때 하나님의 말씀으로 자녀를 귀히 여겨 주십시오.

"보라 자식은 여호와의 기업이요 태의 열매는 그의 상급이로다"(시 127:3).

187

신앙보다 관계가 우선이다

믿음의 가정에 신앙의 문제를 겪는 자녀가 있다면 부모의 마음은 매우 고통스러울 것입니다. 결혼 출발선에서부터 믿음의 가정을 이루겠다는 다짐과 그 가정에 허락해 주실 자녀들을 하나님의 말씀과 사랑으로 양육하겠다는 결심으로 가정을 세웠기에, 그 소망이 무너질 때의 부모의 마음은 고통스럽습니다.

신앙의 방황을 겪는 사춘기 아이들의 신앙 성장 이야기를 들어 보면, 한 부류는 잠깐 방황하다가 다시 신앙이 견고해지는 반면, 다른 한 부류는 오히려 신앙에서 더욱 멀어지면서 청년기에 접어들기도 합니다. 이들 모두에게 매우 중요한 시기는 아이들이 신앙에 반감을 드러내기 시작하는 시점입니다. 어떤 부모는 아이들의 행동을 넓은 마음으로 포용하고 달래면서 끌어가지만, 어떤 부모는 강압적으로 또는 자녀들을 위협하면서 신앙의 자리에 끌어다 놓기도 합니다. 그런데 강압적인 방법이 자녀의 마음을 얻는 데 효과적이라는 간증은 거의 없습니다. 오히려 그런 강압적인 방법으로 인해 신앙뿐 아니라 자녀와의 관계까지 무너지게 되는 경우가 더 많습니다.

이런 경우에는 자녀에게 잠시 일어난 신앙적 방황을 허용해 주면서 그래도 여전히 사랑해 주는 자세가 필요합니다. 물론 쉽지 않은 과정입니다. 쉽게 끝나지 않는 길고 긴 고난의 길일 수도 있습니다. 그럼에도 부모는 방황하는 자녀를 끝까지 인내하고 사랑해 주면서 '예수님의 어린 제자'로 키워 가는 두 번째 해산의 수고를 감당해야 합니다.

부모가 마음을 다해 자녀를 양육하더라도 종종 신앙적으로 심각하게 방황하는 아이들이 생깁니다. 심하면 신앙에서 꽤 멀리 벗어나 살아가기도 합니다. 이런 부모는 매주 교회에 갈 시간만 되면 무거운 바위가 자신의 마음을 짓누르는 것 같은 고통을 느낄 것입니다. 공동체에 불신앙 자녀를 위한 기도 제목을 내놓기는 더더욱 어렵습니다. 어렸을 때는 신앙 생활을 잘했는데 갑자기 교회 출석과 신앙을 거부하는 자녀라면 공동체 사람에게 신앙적인 도움을 구하기가 더욱 어렵습니다.

사람의 마음을 얻는 것이 천하를 얻는 것보다 어려울 때가 있는데, 신앙에서 점점 멀어져 가는 자녀의 마음을 다시 붙잡고 이끌어 오는 일은 극한의 인내가 필요합니다. 무엇보다 부모에게 보이지 않는 돌을 던지며 비난하는 것 같은 느낌이 들

때면 마음이 더 괴롭습니다. '자녀의 신앙적 방황은 부모가 잘못 키웠기 때문이다', '기도가 부족했기 때문이다', '너무 방목했기 때문이다'라는 식으로 부모를 비난하는 것 같기도 합니다. 이러한 분위기는 부모의 마음을 더 힘들게 합니다. 자녀의 신앙적인 방황도 힘든데, 누구에게도 격려나 위로를 받기 어려운 현실이 삶을 더욱 힘겹게 합니다. 부모들은 고통과 눈물 가운데 자녀를 위해 기도하면서 회개하는 시간을 갖고, 자신의 부족함을 고백하면서 자녀의 마음을 돌이켜 주실 것을 고통스럽게 기도합니다.

신앙의 방황이 심해지면서 믿음이 몹시 흔들리는 자녀의 모습을 고통스럽게 지켜보는 부모에게 우선적으로 위로의 말로 격려해 주세요. 누구보다 오랫동안 마음 아파하고 노력한 부모에게 자녀의 신앙적 방황은 모두 부모의 잘못된 신앙 교육 때문이라며 극단적으로 평가해서는 곤란합니다. 자책하며 죄책감에 시달리는 부모들에게 "당신의 잘못이 아니다"라고 위로의 말을 건네는 것이 필요합니다. 그리고 자녀의 불신앙으로 인해 경험하는 수치와 죄책감, 자녀에 대한 분노, 자책을 내려놓고 회복하게 하시는 하나님을 신뢰하면서 기대를 갖게 하는 것이 필요합니다. 부모들은 당장 변화의 기미가 보이지 않더라도 그 자녀를 아픈 손가락으로 여기면서 수용하고 사랑하는 마음을 가지십시오.

자녀에 대해서는 정답이 없습니다. 주님이 우리를 기다리고 인내하셨듯이, 우리도 자녀를 기다리고 인내할 수밖에 없습니다. 자녀의 신앙적 방황으로 인해 마음이 무거울 때마다 우리를 사랑하고 우리에게 은혜를 주셨던 주님을 바라보십시오. 그리고 그 주님의 시선으로 자녀를 바라보십시오. 이 시간이 힘들고 고통스럽겠지만, 그 자녀를 포기하지 않는 주님이 계심을 믿고 주님으로 인해 힘을 얻기를 바랍니다.

하나님과의 관계가 좋아지려면 먼저 부모와의 관계가 좋아야 합니다. 자녀들을 더 좋아하고 사랑해 주십시오. 자녀의 신앙의 모습이 마음에 들지 않더라도 자녀와의 좋은 관계를 먼저 잘 정립해야 합니다. 그 후에 하나님과 좋은 관계를 맺을 자녀를 기대하십시오. 무엇보다 하나님은 우리 자녀들을 사랑하고 절대 포기하지 않으십니다. 포기하지 않으시는 그 하나님을 신뢰하십시오. 자녀가 좋아하는 부모, 자녀를 좋아하는 부모로 안전하고 친밀한 관계가 되게 하십시오.

부부 싸움은 지혜롭게

화가 난 상황에서 감정 조절이 되지 않은 채 자녀들 앞에서 배우자에게 폭언과 폭력을 행사하는 부부들이 있습니다. 어려서 괜찮을 것 같지만, 아이들은 부모의 싸움을 통해 정서적인 학대를 당합니다. 가장 사랑하는 부모가 서로를 향해 공격하고 싸우는 모습을 통해 불안과 두려움, 공포와 무서움을 느낍니다. 이때 자녀들이 느끼는 감정은 전쟁이 일어난 것과 같은 아주 무서운 일입니다. 그리고 부모의 싸움을 지켜본 자녀들은 이 싸움의 원인이 자신에게 있다고 오해합니다. 자신이 잘못해서 싸운다고 생각하고 자책을 합니다. 자신이 잘했으면 부모가 싸우지 않았을 텐데, 자신으로 인해 부모가 싸운다고 생각해서 죄책감과 수치심을 경험합니다.

부모가 자녀 앞에서 갈등을 건강하게 해결하는 법을 보여 주는 것은 자녀에게 줄 수 있는 귀한 유산입니다. 자녀들이 이 유산으로 형제자매와 친구 사이에서 발생하는 갈등을 잘 해결할 수 있게 해 주는 것입니다.

저희 부부도 아이들이 어릴 때 갈등을 잘 해결하지 못해 제가 큰 소리로 남편에게 화를 낸 적이 있었습니다. 아이들이 없는 공간에서 싸우기는 했지만, 갈등을 해결하는 것이 쉽지 않았습니다. 갈등을 해결하는 법을 연습하고 나서부터는 아이들 앞에서 의견 차이로 인한 갈등 상황을 대화로 해결하는 것을 보여 주었습니다. 이것은 아이들 앞에서 보여야 할 싸움의 기술입니다. 이때 절대 큰 소리의 폭언이나 폭력은 쓰지 않아야 합니다. 대화로 갈등을 해결하는 것을 보여 주고 나니 아이들이 그다음부터는 "다 싸웠어? 잘했어"라고 말해 주더군요. 아이들도 친구 관계에 갈등이 생길 때 대화로 해결해 가는 모습을 보여 주었습니다.

어릴 때 부모님의 싸움을 보고 자란 제 안에는 불안이 참 많았습니다. 극도의 긴장과 불안으로 부모님의 싸움을 지켜보는 것은 너무도 고통스러운 일이었습니다. 폭력을 쓰지는 않았지만 폭언으로 싸우셨고, 그 가운데서 늘 말리는 역할을 하다 보니 두 분 사이에서 느껴지는 부정적인 감정들이 참 힘들었습니다. 언제 싸울지 모르는 긴장감과 두려움도 있어 집은 저에게 안전하고 따뜻한 장소가 아니었습니다.

자녀들에게 가정이 이런 곳으로 인식되지 않도록 부부의 갈등을 잘 해결하고 잘 싸울 수 있기를 바랍니다. 자녀들이 들어오기 싫은 가정이 아니라, 따뜻하고 안전한 가정이 되도록 부모가 노력해야 합니다.

- 자녀 앞에서 부부 싸움을 한 적이 있는가? 그때 자녀의 감정은 어떠했을지 생각해 보라.
- 부부싸움을 목격한 자녀와 대화한 후 이렇게 말해 주라.

"엄마, 아빠가 다툴 때 많이 무서웠지? 그때 마음이 어땠어?"

"그때 마음이 그랬구나. 엄마, 아빠가 네 앞에서 심하게 다퉈서 미안해. 너에게 무섭고 불안한 마음을 갖게 해서 미안해. 엄마, 아빠가 다툰 것은 네 잘못이 아니야. 엄마, 아빠의 잘못이야. 앞으로 네 앞에서 그런 모습으로 다투지 않도록 노력할게. 미안해."

자녀의 사춘기와 부모의 사명

두 아들의 사춘기 기간은 힘들기도 했지만, 함께 성장했던 시기였습니다. 아이가 이해되지 않고 수많은 혼돈과 불안 가운데 요동하는 시간이었지만, 그런 흔들림 가운데서 아이도, 부모인 저희도 자라고 있었습니다.

한번은 큰애가 늦게 와서 저녁을 차려 주고 식탁에 앉아 바라보는데 혼자 밥을 먹게 해 달라고 했습니다. 저를 거절하는 것 같아 처음에는 기분이 좋지 않았는데, 혼자 있고 싶은 아이의 욕구를 존중해서 자리를 비켜 주었습니다. 둘째도 부모인 저희가 보수적이어서 답답하다는 말을 할 때 '우리 같은 부모가 어디 있는데 저런 말을 하나' 싶어 서운하기도 했지만, 아이 입장에서 답답할 수 있겠구나 이해하며 공감해 주었습니다. 이처럼 아이들을 통해 상대방의 입장에 서서 공감하는 것뿐 아니라 상대의 욕구를 존중해 줄 수 있는 성장이 저희에게 있었습니다. 아이들도 자신의 욕구와 감정을 표현할 수 있는 성장이 있었습니다. 자신을 알아 가고 타인을 이해할 수 있는 성장이 자녀의 사춘기와 부모의 사추기(思秋期)에 된 것입니다.

아이들은 커 가면서 많은 변화를 겪습니다. 특히 사춘기에 접어든 아이들은 신체, 정서적으로 많은 변화를 경험하게 됩니다. 사춘기에는 호르몬의 변화로 뇌의 편도핵이 많은 자극을 받습니다. 그래서 불안해하고, 분노하고, 부정적인 정서를 많이 보이는 것입니다. 자녀들이 호르몬과 뇌의 자극으로 부정적인 정서를 나타내는 것이니, 그 부분에 있어서 자녀들을 이해하기 바랍니다.

한편, 부모는 사춘기 자녀와 함께 지내는 것을 쉽지 않다고 느낍니다. 자녀의 사춘기가 부모에게 더 큰 부담으로 느껴지는 또 다른 이유는, 부모 역시 변화의 시기에 접어들기 때문입니다. 대부분의 부모는 자녀의 사춘기 즈음에 중년기의 변화를 경험합니다. 인간은 중년기에 접어들면서 많은 변화로 인해 심리적·정서적으로 어려운 시기를 보냅니다. 이때 자녀의 사춘기와 일명 중년의 사추기가 만나면 대화하기가 더 어려워질 수 있습니다. 부모는 부모 나름대로 심리적인 정체성을 찾아가거나 확인하는 시기이고, 자녀는 자녀 나름대로 인생의 방향을 찾고 변화되는 자신의 모습을 알아 가며 수용해 가는 불안정한 시기를 보내게 되기 때문입니다. 자녀는 정서적으로 불안정성을 보이고 감정의 기복이 심하게 나타나기도 합니다. 인생에 대한 본질적인 고민을 하면서 자신의 삶에 대해, 자신이 믿는 하나님에 대해, 자신의 신앙에 대해 본질적인 질문을 던지기도 합니다. 그 과정에서 그동안 절대적인 표준이라고 생각하고 따랐던 부모의 말에 반대 의견을 표시하기도 합니다. 부모는 그렇게 순종적이었던 아이가 어느 날 반항하거나 짜증을 낸다면 마음에 평정심을 갖기가 어려울 것입니다.

사춘기 자녀들의 다양한 불만과 생각이 부모와의 대화에서 충분히 표출될 수 있도록 허용적인 식탁의 자리, 대화의 자리를 만들어 주십시오. 자녀가 어떤 이야기를 하더라도 부모는 이야기를 들어 준다는 신뢰의 분위기를 만들어야 합니다. 자녀가 부모의 기대와 크게 다른 말과 행동을 하더라도 부모는 당황하지 않고 자녀의 말을 우선적으로 귀담아 들어 주는 것이 필요합니다. 어떤 부모들에게는 종종 자녀가 반듯하고 바르게 자랄 수 있도록 분명하게 훈계하고 훈육해야 한다는 강박이 있습니다. 이런 관점으로 접근한다면 아이들은 마음을 더욱 닫게 됩니다.

부모는 자녀를 사랑하고 지지한다는 것을 표현하면서 자녀들의 이야기를 잘 들어 주고 신앙과 삶의 바른 길을 제시하며 이끄는 역할을 감당할 때 자신의 한계를 많이 경험할 것입니다. 하지만 세상에서 가장 귀한 사명을 감당하고 있다는 것을 기억하면서, 위임된 사명을 성실히 감당하고자 하는 인내와 용기를 주시도록 기도하며 지혜롭게 이 시기를 지나가 보기 바랍니다.

부부는 기대와 소망이 무엇인지를
나누는 것이 중요합니다.
부부의 갈등 상황을 보면 옳고 그름의 문제라기보다
오해와 다름의 문제인 경우가 많습니다.

8

갈등과 소통

당신의 속마음을
듣고 보니 이해돼요

부부 갈등, 어떻게 해결해야 하는가

배우자와 갈등이 있을 때는 배우자와의 대화에서 표정을 읽고 감정을 보려는 노력이 필요합니다. 물론 자신의 감정도 바라봐야 합니다. 감정과 행동과 말을 조절하면서 대화하는 노력이 필요합니다. 그 상황에 도저히 감정 조절도 안 되고 표정도 안 좋아진다면 타임아웃을 요청하십시오. 그리고 그 상황에서 조금 떠나 각자의 시간을 가진 후 준비되었을 때 다시 대화하십시오. 타임아웃 시에 숨 고르기를 하고 자신의 감정을 잘 정리한 후 배우자와의 대화에서 왜곡된 사고와 감정은 없었는지 생각해 보고 합리적으로 바꾸는 단계까지 나아간다면 부부의 갈등은 대화로 해결됩니다. 갈등 상황에 이런 감정 조절과 타임아웃을 활용하지 못하면 관계가 깨지고 회복이 어려울 수도 있으니 잘 적용해 보기 바랍니다.

- 상대방의 표정은?
- 상대방의 감정은?
- 나의 감정은?
- 감정이나 행동이나 말이 조절되는가?
- 서로 조절되면 대화하기
- 서로 조절되지 않는다면 타임아웃 요청하기 - 사전에 합의한 시간 만큼 떨어져 있기
- 자신의 감정을 정리하고 왜곡된 사고와 감정을 합리적으로 바꾸기
- 시간이 지난 후 서로 안정되었으면 다시 대화하기
- 기도로 마무리한 후 서로의 노력을 칭찬해 주고 감사하기
- 그래도 갈등이 증폭되면 일단 멈추고 다른 날짜에 집 밖에서 대화하기
- 몇 번 시도해도 안 되면 전문 상담사의 도움을 받기

갈등은 성장과 성숙의 기회다

사람과 사람 사이에 갈등이 발생하면 대개는 자신에게 익숙한 방법으로 대처하기 마련입니다. 갈등을 대처하는 방법은

회피, 분노, 논쟁 등 다양한데, 갈등이 생겼을 때 자신이 그동안 취해 왔던 부정적인 방식으로 대응한다면 부부 사이에 긴장감과 실망감은 커질 수밖에 없습니다.

부부는 갈등 상황에 먼저 자신의 대응 방식을 생각해 봐야 합니다. 주로 회피를 선택하는 배우자라면 회피하는 습관에 대한 통찰이 필요합니다. 갈등 상황에서 참지 못하고 불같은 분노를 쏟아 내며 싸우는 것이 습관인 사람은 왜 참지 못하고 분노하는지 돌아보아야 합니다. 침묵하며 자신의 잘못으로 돌렸던 사람도 마찬가지로 생각해 보십시오. 회피하고, 분노하고, 침묵하고, 자책하는 것은 갈등에 대처하는 건강한 방식이 아닙니다.

부부가 갈등을 만났을 때 선택할 수 있는 가장 건전한 대처 방식은 온화한 직면입니다. 부부 관계에서 온화한 직면을 해야 하는 이유는, 갈등을 해결한 후에 부부가 더 성장하고 성숙하기 위해서입니다. 부부 갈등을 성장에 관점을 두고 생각하면 이기고 지는 것에 최종 목표를 두지 않게 됩니다. 또한 갈등 상황에서 어떻게든 배우자를 몰아세우거나 논쟁에서 승리를 얻기 위해 에너지를 부정적으로 쓰지 않게 됩니다. 성장과 성숙이 목표이기에, 부부는 갈등 상황이 되었을 때 인내하면서 성숙하게 직면할 수 있게 됩니다.

먼저 갈등에 직면하기 위해서는 자신의 내면을 살펴보는 작업이 필요합니다. 가장 미성숙한 태도는, 자신의 내면은 보지 못하면서 상대방의 허물만 지적하는 것입니다. 갈등이 생겼다면 모든 원인이 배우자에게 있다고 단정하기 전에 자신의 내면을 돌아보는 것이 우선되어야 합니다. 자신의 마음을 충동질했던 이유가 단순히 배우자의 행동과 말 때문이었는지, 아니면 자신의 마음속 어떤 것이 건드려져서 화가 났는지 돌아보십시오.

저는 저희 부부가 갈등할 때마다 남편을 많이 탓했습니다. 남편이 저의 마음을 잘 몰라줘서 갈등이 심화되었다고 생각했습니다. 시간을 내어 내면을 직면해 보니 제 불안이 분노로 표출되었던 것이고, 그 탓을 남편에게 돌렸던 것입니다. 결국 저의 불안을 제가 잘 처리하지 못했던 것입니다. 이런 저 자신을 직면한 후 인정하고 나니 갈등이 발생할 때 조금은 겸손하게 남편과 대화할 수 있게 되었습니다. 중요한 것은 감정이 가라앉고 나서 대화해야 합니다.

갈등 상황에서 부부의 대화가 쉽지 않은 이유는, 마음이 상한 상태에서 의지적으로 서로 대화하는 것을 동의하고 수용해야 하기 때문입니다. 한 사람이라도 마음 정리가 되지 않아 계속 거절하거나 회피한다면 부부의 대화는 이루어질 수 없습니다. 특히 갈등 상황에서는 서로 마음이 좋지 않기 때문에 대화를 시도한다는 것 자체가 대단한 헌신의 노력을 필요로 합니다. 부부가 성장과 성숙의 가치를 귀하게 여길 때, 갈등 상황에 자존심을 내려놓고 대화의 자리로 나아갈 수 있습니다.

대화의 자리와 장소에 앉았다면 이제 사랑 안에서 진리를 말할 시간입니다. 우선 서로에 대한 사랑의 마음이 있는지 확인하십시오. 사랑과 서로를 향한 신뢰가 근본입니다. 사랑하는 마음을 확인했다면 이제 진실하게 자신의 마음을 전달하는 시간을 가지십시오. 거짓된 말이나 공격적인 말을 내려놓고, 온화함으로 진실에 다가서며 이야기하십시오. 배우자의 말을 적극적으로 경청하고 공감해야 합니다.

사랑 안에서 진리를 말할 때는 회피를 선택해서는 안 됩니다. 분한 마음으로 배우자를 공격해서도 안 됩니다. 이기고 지는 것에 가치를 두고 논쟁하는 것을 택해서도 안 됩니다. 최대한 낮은 자세로 배우자의 말을 듣고 자신의 이야기를 해야 합니다.

'나 전달법'으로 자신이 그 상황에서 느낀 점과 생각들을 이야기하고, 자신의 기대와 소망을 말하십시오. 자신의 기대가 상대의 기대와 달라서 생기는 갈등이 있을 수 있습니다. 그래서 부부는 기대와 소망이 무엇인지를 나누는 것이 중요합니다. 부부의 갈등 상황을 보면 옳고 그름의 문제라기보다 오해와 다름의 문제인 경우가 많습니다. 자신에게는 문제 되지 않는 행동이 상대방에게는 스트레스가 될 수 있고, 상대방에게는 문제 되지 않는 행동과 말이 자신에게는 스트레스가 될 수 있습니다. 저희 부부도 갈등 상황에 기대가 서로 달라서 생긴 오해로 갈등이 증폭되었던 경우가 많았습니다. 그런 부분들에 대해 투명하게 대화하고 오해를 푸는 것이 중요합니다.

감사한 것은, 이렇게 갈등을 해결하는 대화를 통해 저희는 성장하고 성숙해졌습니다. 부부뿐 아니라 다른 관계에서도 갈등을 해결할 수 있는 성장이 되었습니다.

부부 갈등은 피할 수 없습니다. 하지만 부부 갈등에는 자신과 배우자가 함께 성장하는 기회를 제공하는 유익한 측면이 있습니다. 회피하지 말고 건강하게 사랑으로 직면함으로 갈등을 잘 이겨 나가는 부부가 되기 바랍니다.

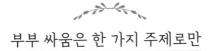

부부 싸움은 한 가지 주제로만

부부 싸움을 할 때는 한 번에 한 가지 주제만 다뤄야 합니다.

부부가 의견 차이로 인해 마음이 상하거나 말다툼을 할 때가 있습니다. 암묵적으로 넘기면서 위기를 만들지 않으려고 노력하지만, 어느 순간 참지 못하고 부딪힙니다. 한번 마음이 상하고 충돌하면 그동안 쌓아 둔 수많은 이야기를 하게 됩니다. 이 상황에서 부부가 기억하고 실천해야 할 것은, '부부 싸움을 할 때는 한 가지 주제로만 씨름한다'입니다.

감정이 격해지고 상대에게 기분 나쁜 마음이 든다면 한 가지 주제만 가지고 논쟁하는 것이 어렵습니다. 억울하게 참았던 과거의 일까지 끌고 오고 싶은 마음이 듭니다. 하지만 과거에 일어났던 갈등까지 끌고 오면 갈등을 더욱 키울 가능성이 큽니다. 힘들어도 현재 부부 싸움의 원인이 된 사건만 냉정하게 다룰 필요가 있습니다. 문제는 냉정하게, 감정적인 흐름은 세밀하게 다루는 작업을 병행해야 합니다.

남편들은 일주일 전 즈음 있었던 부부 사이의 소소하고 섭섭한 일을 기억하지만, 아내는 15년 전 일도 세세하게 기억한다는 말이 있습니다. 물론 모든 남편과 아내에게 적용되는 이야기는 아닙니다. 그러나 일반적으로 아내들은 과거에 있었던 일들을 마음에 담아 두는 경우가 많습니다. 좋았던 기억들은 추운 겨울날 서로를 따뜻하게 해 주는 장작처럼 타오르게 합니다. 그러나 좋지 않은 기억들은 부부 싸움을 할 때 언제든 더욱 폭발하게 만드는 재료가 됩니다. 그래서 부부는 현재 마음을 힘들게 하는 주제에만 집중해야 합니다. 그 주제에서 벗어나지 않도록 평소에 약속할 필요가 있습니다. 평소에 규칙을 정해 놓지 않으면 사소한 불씨가 큰불로 번지게 됩니다. 작은 불씨일 때 집중해서 문제를 해결하려는 노력이 도움이 될 것입니다.

싸움의 범위는 현재 부부의 범위에 맞추려고 노력하십시오. 과거의 일을 현재로 끌어와서 싸움 재료로 사용하지 말기 바랍니다. 범위를 한정해서 말을 주고받고, 가능한 그 범위가 부부와 가족을 벗어나 서로의 본가까지 확장되지 않도록 지혜롭게 대처해야 합니다. 간혹 어떤 부부는 자신들의 문제가 양가의 감정싸움으로 커지는 경우가 있습니다. 두 사람의 범위를 벗어나 양가까지 확대된다면 통제할 수 없는 상황으로 치닫게 됩니다. 그래서 부부가 겪는 갈등의 범위를 한정해서 현재, 지금의 사건만 다루도록 해야 합니다.

한 번에 한 가지 주제만 가지고 싸워야 한다는 단순한 규칙이 있음에도 종종 유혹을 받습니다. 그 유혹은 과거에 쌓였던 상처와 어려움입니다. 배우자 때문에 자신이 얼마나 힘들었는지를 다시 꺼내어 현재 싸움의 재료로 삼고 싶은 마음이 강렬하게 일어납니다. 지금은 그렇다 치더라도 과거에 배우자가 자신을 얼마나 힘들게 했는지를 알려 주고 싶은 마음, 다시 공격하고 싶은 유혹을 받습니다. 물론 과거의 힘들었던 경험들을 다시 꺼내어 싸움의 도구로 사용한다는 것은 아직도 그 사건에서 회복되지 못했다는 것을 말해 줍니다. 왠지 자신만 참아야 하는 것 같고, 상대는 전혀 반성의 기미도 보이지 않는 것 같아서 억울한 마음이 들기도 합니다. 마음에 아직도 분노가 쌓여서, 그 사건만 생각하면 배우자가 정말 미운 마음이 들 때도 있습니다. 이처럼 해결되지 않은 감정과 부부 사이의 경험들은 부부 싸움을 할 때 표면으로 나타납니다.

마음에 해결되지 않은 과거의 경험들이 남아 있더라도, 현재의 부부 싸움에 그 사건을 가지고 오면 해결이나 봉합보다 더 심한 소용돌이에 빠지게 됩니다. 가능하면 현재, 한 가지 사건에 집중해서 치열하게 논쟁하면 극적 타협을 이룰 수 있습니다. 부부 사이에 쌓아 왔던 부정적인 사건들에 대해서는 서로가 서로에게 할 말이 있습니다. 한편이 섭섭한 이야기를 꺼내면 상대가 일방적으로 미안해하거나 사과하지 않습니다. "나도 당신에게 할 말이 있어", "나도 당신에게 화가 나", "당신만 힘들었던 거 아냐", "나도 잘못했지만, 당신도 당당하지 못해"라는 식의 격한 말들이 오고 갈 가능성이 큽니다.

부부 갈등을 해결하고자 한다면, 과거의 문은 닫아 두고 눈앞에 놓인 사건만 이야기하며 어떻게든 마무리할 필요가 있습니다. 한 가지 갈등을 어떻게든 해결한 부부라면 긍정적인 한 가지 해결을 경험한 것입니다. 긍정적인 해결 경험이 쌓이면 부부 사이의 미해결된 갈등들을 하나씩 해결할 수 있습니다. '부부 싸움은 한 번에 한 가지 주제'라는 규칙을 꼭 지키세요.

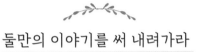

둘만의 이야기를 써 내려가라

〈스토리 오브 어스〉(The Story of Us, 2000)라는 영화가 있습니다. 이 영화에는 결혼 15년차 부부가 등장합니다. 이들은 결혼 전 서로의 다른 점에 끌렸고, 열정적으로 사랑했습니다. 남편 벤의 직업은 소설가이며, 낙천적이고 유머가 많은 성격입니다. 아내 케이티는 벤과 반대 성향으로 완벽주의자이며, 매사에 꼼꼼합니다. 직업은 퍼즐 문제 출제자입니다. 많은 연인이 그러하듯, 결혼 전 이들에게 서로의 다른 점은 갈등의 요소가 되지 않고 오히려 매력적인 모습으로 비쳐졌습니다. 최소한 연애할 때는 그랬습니다. 하지만 많은 부부가 겪는 것처럼, 결혼 후에는 부부의 서로 다른 성향과 성격으로 인해 심각한 갈등을 겪습니다. 벤은 아내인 케이티가 너무 까다로운 여자로 여겨졌습니다. 케이티는 남편 벤이 부주의하고 대책 없이 행동하는 것처럼 느껴졌습니다. 이들은 서로 잦은 충돌을 경험했습니다. 사랑이 식은 지 오래입니다. 서로에 대한 원망과 갈등과 싸움은 갈수록 심해졌고, 사랑의 감정과 열기는 온데간데없이 사라져 버렸습니다. 벤과 케이티가 중요한 결정을 내립니다. 열두 살 된 조시와 열 살 된 에린이 여름 캠프에 가 있는 동안 별거하기로 합니다. 그리고 아이들이 여름 캠프에서 돌아오는 날 이혼 이야기를 꺼내려고 합니다. 하지만 별거하는 동안 부부는 자신과 결혼 생활, 가정을 마음 깊이 돌아보게 됩니다. 그러면서 관계의 회복을 위한 회고와 반성을 하게 됩니다. 부부의 연애, 결혼, 임신과 출산, 육아 등 삶의 역사를 돌아보면서 마음에서 일어나는 깊은 울림을 경험합니다. 아이들이 캠프에서 돌아오고 아이들에게 이혼 이야기를 꺼내기 전, 케이티가 차 밖에서 남편에게 쉴 새 없이 자신들이 공유하고 있는, 결코 떼어 낼 수 없는 값진 추억과 소망을 이야기합니다. 그러면서 부부가 만들어 왔던 추억이 부부와 가족의 역사가 되어 있었다고 말합니다.

"이건 역사예요. 역사는 하루아침에 바뀌지 않아요. 메소포타미아 고대 도시 위에는 다른 도시가 있지만 난 또 다른 도시를 짓긴 싫어요. 난 이 도시(결혼)가 좋아요."

케이티는 부부가 결혼한 이후 경험했던 수많은 가족의 이야기를 쏟아 놓습니다. 지금의 결혼을 엎고 다른 누군가와 새로운 결혼 이야기를 써 가고 싶지 않다는 의미의 내용이었습니다. 지금은 힘든 시간이지만, 이 시간 위에 또 다른 결혼 이야기를 써 갈 수 있을 것이라는 의미를 담아서 남편 벤에게 격한 마음을 쏟아 놓습니다. 케이티가 말을 쏟아 놓을 때 이미 벤은 그것을 받아들일 준비가 되어 있었습니다. 부부는 헌신하는 마음으로 새롭게 부부의 역사를 만들어 갈 것을 다짐합니다. 그러면서 서로의 사랑을 확인하고, 부부는 서로 안아 줍니다.

부부의 결혼 만족도가 가장 높은 시기는 누가 뭐라 해도 신혼기일 것입니다. 연애기까지 포함한다면 연애 시기와 신혼 시기에 두 사람이 서로에게 느끼는 친밀감과 행복감은 최고치에 이릅니다. 부부가 행복을 느끼는 신혼기의 기준은 다양합니다. 보통은 2-3년이라고 분류하기도 하고, 짧게는 6개월 정도라고 보기도 합니다. 어떤 경우에는 3년 이상도 신혼기에 버금가는 부부의 행복 기간으로 분류합니다. 하지만 서로 사랑에 빠져서 바라만 봐도 좋은 신혼기는 애석하게도 영원히 지속되지 않습니다. 신혼기를 지나 다음 단계에 접어듭니다.

보통 신혼기를 지난 부부는 낭만과 행복보다 서로에 대한 실망과 갈등과 다툼을 경험합니다. 결혼 생활을 할수록 신혼기에 경험했던 만족감과 행복감이 하향 곡선을 그리게 됩니다. 부부는 결혼의 환상에서 벗어나 결혼 생활이라는 현실을 살아가게 됩니다. 현실을 살아가는 데 고통과 힘듦, 삶의 짐을 피할 수는 없습니다. 물론 행복을 느끼는 순간도 많지만, 행복과 반대되는 불편감과 고통을 느끼는 순간도 적지 않습니다. 자신에 대한 실망뿐만 아니라 배우자에 대한 실망과 서로에 대한 불신, 분노, 해결하지 못한 갈등의 늪을 경험합니다.

영화에 나오는 벤과 케이티 부부의 사례는 신혼기를 지난 부부들이라면 공감할 수 있는 부분이 많을 것입니다. 결혼 전에 좋아서 끌렸던 장점들이 결혼 이후 단점으로 여겨지기도 합니다. 이 단계는 좋은 감정만으로는 결혼 생활을 유지하기 어려운 시기입니다. 헌신과 수고 또한 사랑이라는 것을 수용하고 인정하는 단계가 되어야 합니다. 집 안의 크고 작은 일을 하는 것, 늦은 밤 음식물 쓰레기를 버리러 나가야 하는 번거로운 일, 육아로 인한 크고 작은 사건과 헌신, 배우자의 단점, 자신과 같지 않은 성향을 수용해야 하는 어려움 등도 사랑의 큰 의미 안에 포함된다는 것을 받아들여야 합니다. 결혼 생활을 하면서 지지고 볶았던 모든 사건은 부부만의 역사가 됩니다. 가족의 역사가 됩니다. 가족의 역사, 부부의 역사가 모여서 부부의 결혼 역사, 사랑의 역사가 됩니다. 부부의 결혼 역사는 타인이 써 내려가는 것이 아닙니다. 오롯이 부부가 써 내려가고 기억하는 것입니다. 부부가 공유했던 결혼의 기억이 많을수록, 긍정적일수록 결혼을 견고하게 하는 기반이 됩니다. 때로 너무 힘들어서 포기하고 싶은 감정이 들더라도 부부의 결혼 역사를 다시 한 번 긍정적으로 돌아본다면 결혼을 견고하게 붙잡는 힘이 될 것입니다.

벤과 케이티와 같이 결별을 결정하기 직전의 상황이라면 결혼 생활에서 경험했던 자신의 이야기와 더불어 결혼 생활에서 경험한 부부의 이야기, 가족의 이야기를 생각해 보십시오. 가족의 이야기를 돌아볼 때 부정적인 것만 있지는 않다는 것을 알게 될 것입니다. 가족만의 좋은 이야기를 생각하며 다시금 부부 관계를 회복하십시오. 가족의 이야기는 부부만이 쓸 수 있는 세상의 유일한 작품입니다.

우리 가족만의 스토리 쓰기

- 가족과 함께 라이프 스토리를 나누어 보자.
- 연애 때부터 지금의 결혼 생활까지 어떤 굵직한 일들이 있었는지 나누어 보자.
- 결혼 생활에서 가장 따뜻했던 경험들을 서로 나누어 보자.
- 우리 가족만의 어떤 역사가 그려졌는지 서로 나누어 보자.

부부 데이트의 중요성

갈등을 극복하는 데 있어 중요한 것은 부부가 평소에 긍정적인 추억을 많이 쌓아 놓는 것입니다. 긍정적인 추억이 많은 부부는 갈등을 수월하게 해결해 가며, 갈등을 민감하게 받아들이지 않습니다. 그래서 부부들에게 제안하는 것이 부부 데이트입니다.

일주일에 한 번 혹은 2주에 한 번, 길게는 한 달에 한 번씩 부부가 시간을 내어 데이트를 하는 것입니다. 산책, 여행, 외식, 운동, 카페가기, 서점 가기, 역사 탐방, 미술관 방문, 영화 및 연극 관람 등 부부 단둘이 시간을 내어 하는 것입니다. 데이트를 하면서 부부가 많은 대화를 나누는 것도 필요합니다. 데이트할 때는 평소보다 멋지고 예쁘게 차려입고 외출하십시오. 설렘을 느끼게 될 것입니다.

결혼 생활 15년째 되던 해에 남편과의 친밀함이 잘 느껴지지 않아서 여행을 제안했습니다. 2박 3일 동안 바다가 보이는 호텔에서 많은 이야기를 나누며 함께 즐거운 시간을 보냈습니다. 놀라운 것은, 그 여행을 기점으로 남편과의 친밀함이 더 풍성해졌고, 남편과 함께 시간을 보내기 위해 노력하게 되었습니다. 한 달에 한 번은 좀 더 특별한 외부의 데이트를 하고, 일주일에 한 번은 산책을 하든지 카페에 가든지 하면서 둘만의 데이트 시간을 가졌습니다. 처음에는 무슨 말을 해야 할지도 모르겠고 어색함도 있었지만, 시간을 내어 함께 할수록 이야깃거리가 더 많아졌습니다. 강의하러 가는 차 안에서도 많은 이야기를 나누고, 강의 후 맛 집을 가거나 그곳에 하루 동안 머물면서 둘만의 시간을 갖기도 했습니다. 지금은 남편하고 보내는 시간이 제일 좋습니다. 가장 안전하고 편안한 남편과 둘이 시간을 보내는 것이 제일 좋습니다. 25년을 이렇게 살아왔으니, 앞으로 살아갈 노년의 시기도 기대가 됩니다. 부부가 함께 살아가는 결혼 생활이 친밀하고 행복해지려면 노력이 필요합니다. 그 노력 중 하나가 부부 데이트입니다. 정서 통장을 데이트로 많이 쌓을수록 부부 관계는 더 친밀해질 것입니다.

먼저 부부가 할 수 있는 데이트 목록들을 적어 보고 한 주혹은 한 달에 한 번씩 데이트를 해 보십시오. 하고 싶은 데이트 목록들을 계속 업데이트하면서 함께해 보기를 권합니다.

하나님의 도우심을 구하기

아무리 노력하고 애를 써도 어떤 갈등은 인간의 노력으로 안 되는 것들이 있을 것입니다. 그때 부부가 할 일은, 하나님의 도우심을 구하는 것입니다. 부부가 함께 말씀을 보고 기도하며 하나님의 인도하심을 따르는 것이 필요합니다. 두 사람의 힘으로 안 되는 것이라면 하나님의 말씀 앞에 순종하십시오. 그리고 부부가 함께 기도하면서 그 어려움을 주님께 내어 드리십시오. 기도 가운데 평안을 주시며, 우리의 생각과 마음을 다스리시는 주님을 경험하게 될 것입니다. 또한 함께 찬양을 드리고 찬양의 고백처럼 살게 해 달라고 간구하십시오. 살아오면서 힘을 얻었던 말씀들을 함께 나누어 보는 것도 좋습니다. 하나님은 우리의 힘이고, 방패이며, 피할 바위이고, 반석이십니다. 우리를 가장 잘 알며, 가장 잘 도울 분이십니다. 그분을 신뢰하며 그분의 인도하심을 구하십시오.

저희 부부도 갈등이 심화되어 대화조차 나누기 어려웠던 적이 있습니다. 정말 인간의 한계에 다다랐을 때, 남편이 기도하자며 손을 내밀었습니다. 같이 말씀을 나누고 기도할 때 저희 안에 있었던 인간의 이기심이 발견되어 회개했습니다. 기도 후 함께 잘못을 나누며 그전보다 더 안전하게 대화를 나눌 수 있었습니다. 이기적이고 단절로 가려 하는 부부의 마음을 하나 됨과 친밀함으로 가게 해 주시는 주님의 도우심을 적극 구하십시오. 주님이 상한 부부의 관계, 사랑이 식어진 부부의 관계를 사랑으로 덮어 회복으로 인도해 주실 것입니다. 그 사랑 안에 거하는, 그 사랑을 구하는, 그 사랑을 붙잡는 부부가 되어 사랑해서 결혼한 두 사람의 관계를 견고하게 세워가십시오.

소그룹 나눔 안내

소그룹 모임은 다른 부부 3-6커플과 함께 나눔으로 진행됩니다. 모임 시에는 부부들이 충분히 돌아가면서 나눔을 할 수 있도록 시간을 안배해 주고, 모임 시간은 1시간 안으로 진행해 주세요. 해결해 주거나 상담을 하는 것이 아닌 나눔으로 진행되는 모임이니 다른 사람의 말을 경청하고 공감해 주면 됩니다. 자신의 배우자를 다른 배우자와 비교하지 말고, 배우자가 난처할 만한 말이나 나눔은 하지 않습니다. 난처할 만한 나눔을 할 경우에는 배우자에게 적절한 사인을 보내 두 사람의 안전한 관계를 유지해 주세요. 이 모임에서 나눈 내용은 외부에 이야기하지 않습니다.

소그룹 나눔의 목적은 부부가 배운 내용을 삶 가운데 적용함으로 관계가 친밀해질 뿐 아니라 소그룹 구성원 모두가 성장해 가는 것입니다. 함께 성장해 가는 모임이 되도록 서로 충분히 격려해 주세요.

모임 진행 방식은 그룹에서 질문을 가지고 함께 나눈 후, 마칠 때쯤 부부가 서로 마주 보며 '부부 대화'(감사의 대화)를 하고 리더의 인도 하에 기도로 마무리합니다. 다음 모임까지 매 모임마다 주어진 '부부 데이트'를 하며 주어진 질문의 내용을 가지고 함께 나눕니다. 다음 모임 때까지 '부부 데이트'로 나눔을 해 오세요.

사랑한다면
결혼 생활을 배우라

1. 배우자의 어떤 매력에 끌려서 결혼을 하게 되었는지 나누어 보세요.

2. 하나님께서 가정을 주신 목적과 기대하시는 것은 무엇인가요?

3. 성경에서 말하는 '돕는 배필'이란 무엇인가요?

4. 최근 느꼈던 당신의 이기적인 모습은 무엇인가요? 당신과 배우자는 서로를 존중하기 위해 어떤 노력을 해야 하나요?

5. 결혼 생활에서 배우자로 인해 감사했던 기억을 떠올린 후 서로 나누어 보세요.

6. 부부가 힘든 순간을 이겨 내고 다시 회복할 수 있었던 자원은 무엇인가요?

7. 원가족으로부터 온전하게 분리되지 못했다면 어느 영역에서 분리가 필요한가요?

8. 배우자에게 우선순위를 둔다는 것은 무슨 의미인가요? 그러기 위해 당신이 해야 할 일은 무엇인가요?

부부 대화 부부가 서로 마주 보고 대화하세요.

내가 당신에게 감사한 것은 ....

....

부부 데이트 사랑받는다고 느꼈던 상황을 떠올린 후 서로 나누어 보세요.

....

....

....

대화는
얽힌 감정의 매듭을 푼다

1. 배우자와의 대화가 단절되거나 점점 줄어들게 되는 원인이 있다면 무엇인가요?

2. 과거에 배우자와 친밀함을 누렸던 경험들을 떠올려 보세요. 지금 당신이 기대하는 친밀함은 무엇인가요?

3. 감정을 나누는 것이 어렵다면 어떤 이유에서인지 나누어 보세요.

4. 오늘 하루 동안에 경험했던 일이나 사건을 통해 느꼈던 감정을 나누어 보세요.

오늘 나는 .... 기분이 들었어요.

왜냐하면 ....

내 필요는 ....

5. 갈등 상황에서 당신이 주로 사용하는 의사소통 유형(비난형, 회유형, 초이성형, 산만형)은 무엇인가요? 이러한 유형을 사용하면서 느끼는 감정은 무엇인가요? 일치형으로 성장하기 위해 연습할 수 있는 것은 무엇인가요?

6. 당신은 분노가 일어날 때 주로 어떻게 해결했나요?

7. 분노가 일어날 때 분노를 조절하기 위한 좋은 방법이 있다면 함께 나누어 보세요(예: 호흡하기, 걷기, 환기하기, 자리에서 잠시 거리 두기 등).

8. 분노는 말로 부드럽게 표현될 때 관계를 파괴하지 않고 서로를 더욱 신뢰할 수 있게 합니다. 최근 배우자에게 분노했던 기억이 있다면 사과하고 용서를 구해 보세요.

부부 대화 부부가 서로 마주 보고 대화하세요.

내가 당신에게 감사한 것은 ....

....

부부 데이트 최근의 고민과 기도 제목을 나누어 보세요.

....

....

다름을 이해할 때
오해가 풀린다

1. 부부가 서로를 알아 가는 시간을 가져 보세요(예: 좋아하는 계절, 음식, 노래, TV프로그램 등).

2. 배우자와 맞지 않는 다른 성향은 무엇인가요? 그 성향을 이해하고 존중하기 위해 당신에게는 어떤 노력이 필요한가요?

3. 배우자의 성향 중 처음에는 불편했지만 시간이 지나면서 장점으로 느껴진 것이 있다면 무엇인가요(예: 너무 체계적인 배우자가 힘들었는데 지나 보니 삶의 규모가 있어서 좋았다)?

4. 당신의 사랑의 언어는 무엇인가요? 배우자가 어떻게 해 줄 때 사랑받는다고 느끼나요?

5. 당신은 '동굴 지향성'인가요, '관계 지향성'인가요?

6. 당신이 가장 중요하게 생각하는 가치는 무엇인지 체크하고 배우자와 함께 나누어 보세요.

수용, 공평함, 사랑, 책임, 신념, 종교, 충성심, 자유, 행복, 나눔, 인내, 정체성, 헌신/기여, 마음의 평안, 우정, 개방성, 재미, 도전, 관대함, 평화/비폭력, 협력, 감사, 종의 자세, 사역, 개인적 성장, 영향력, 웰빙, 공동체, 근면, 동정, 조화, 능력, 건강, 실용성, 영적 성취, 협동, 일, 섬김/봉사, 책임감, 문제 해결, 용기, 정직, 신뢰성, 창의력, 명예, 존경, 리더십, 호기심, 유머, 규율, 독립, 발견, 소박함, 절약, 효율성, 고결함, 힘, 열정, 상호 의존, 전통, 동등, 기쁨, 믿음, 윤리적 행동, 배움, 평생교육, 지혜, 성취, 경력, 자녀, 배우자, 노력, 성실, 삶의 목적, 재정적인 안정, 격려/권면, 평등, 탁월함, 가족, 여행, 친구, 관계

7. 스트레스 상황에서 어떻게 하면 관계를 깨지 않고 감정을 해소할 수 있을까요?

8. 갈등 시 타임아웃의 중요성에 대해 나누어 보세요.

부부 대화 부부가 서로 마주 보고 대화하세요.

내가 당신에게 감사한 것은 ....

....

부부 데이트 인생에서 가장 감사했던 일은 무엇이었나요?

....

....

소그룹 나눔 4. 부부만의 친밀함을
회복하라

1. 부모님과의 애착 관계는 어떠했나요? 그것이 배우자와의 관계에 영향을 미치고 있나요?

2. 배우자를 따뜻하게 사랑하고 신뢰를 쌓기 위해 당신이 노력할 부분은 무엇인가요?

3. 배우자와 안전하고 친밀한 성관계를 하기 위해 동의, 통증 없는, 즐거움, 소통을 잘하고 있는지 확인하고 보완이 필요한 부분이 있다면 나누어 보세요.

4. 배우자와의 안전하고 친밀한 성관계를 위해 당신과 배우자에게 필요한 것은 무엇인가요?

5. 당신은 배우자와 얼마나 자주 성관계를 갖고 있나요?

6. 섹스리스의 원인 중 당신과 배우자에게 위협이 되는 것은 무엇인가요?

7. 외도의 원인에 대해 나누어 보세요. 그리고 그런 유혹에 빠지지 않으려면 어떤 노력이 필요한가요?

8. 음란물에 빠지지 않기 위해 부부가 함께 해야 할 노력은 무엇인가요?

부부 대화 부부가 서로 마주 보고 대화하세요.

내가 당신에게 감사한 것은 ....

....

부부 데이트 더 친밀한 성관계를 위해 서로에게 필요한 것을 나누어 보세요.

....

....

....

상처의 동굴에서 나오라

---

1. 자신에 대한 핵심적인 생각과 느낌을 나누어 보세요.

   나는 나를 ....라고 생각한다(느낀다).

2. 당신은 대인관계에서 경계선을 잘 긋는 편인가요? 건강한 경계선을 긋기 위해 어떤 노력이 필요한가요?

3. 당신에게 있는 강박적인 의무감은 무엇인가요? 어떤 의무감을 내려놓고 싶은가요?

4. 결혼 생활에서 건강한 자아상이 중요한 이유는 무엇인가요? 결혼 생활 중 자아상이 건강해진 경험이 있다면 나누어 보세요.

5. 심리적·정서적 상처로부터 자유로워지기 위해 당신에게 회복하고 치유해야 할 상처가 있다면 무엇인가요?

6. 배우자나 타인을 통해 상처가 치유되었던 경험을 나누어 보세요.

7. 원가족 안에서 당신은 어떤 역할을 하고 살아왔나요? 그 역할을 내려놓기 위해 어떤 노력이 필요한가요(예: 대리 배우자, 영웅 아이, 가족 돌봄이, 착한 아이, 어릿광대, 희생양 등)?

8. 자녀들에게 어떤 역할을 하게 하나요? 자녀들이 그러한 역할로 살지 않도록 부모가 해야 할 노력은 무엇인가요?

부부 대화 부부가 서로 마주 보고 대화하세요.

내가 당신에게 감사한 것은 ....

....

부부 데이트 부부가 이루고 싶었던 가정의 모습은 어떠했나요? 그 가정의 모습처럼 되기 위해 어떤 노력이 필요한가요?

....

....

....

소그룹 나눔 6. 얽힌 관계의 끈을 끊고 자유하라

1. 어린 시절 원가족과 함께했던 가장 기억나는 장면을 그려 보고 가족 간의 거리가 어떠했는지, 가족 안에서 느꼈던 주 감정은 무엇이었는지 나누어 보세요.

2. 어린 시절 부모님께 원하고 필요로 했던 것은 무엇인가요?

3. 배우자가 채워 주었으면 하는 당신의 필요와 기대는 무엇인가요? 서로의 필요를 채워 주는 것에 감사를 전하고, 여전히 결핍된 부분에 대해서는 지속적인 사랑으로 채워 주세요.

4. 원가족 안에서 느꼈던 주 감정은 무엇이었나요?

5. 원가족 안에 있는 역기능의 모습은 어떤 것이었나요? 그 모습 중 현재 가정 안에 역기능적으로 나타나고 있는 모습은 무엇인가요?

6. 역기능 가정이 아닌 건강한 순기능 가정을 이루기 위해 당신이 노력해야 할 부분은 무엇인가요?

7. 부부와 자녀 사이에 경계선을 긋기 위해 어떤 노력이 필요한가요?

8. 건강한 가정을 세우기 위해 새롭게 정립해야 할 가치는 무엇인가요(예: 사랑, 기도, 말씀, 관심, 대화, 존중, 인정, 돌봄, 따뜻함, 다정다감, 독특성 인정, 유머 등)?

부부 대화 부부가 서로 마주 보고 대화하세요.

내가 당신에게 감사한 것은 ....

....

부부 데이트 자신의 장점 세 가지, 배우자의 장점 세 가지를 적고 나누어 보세요.

....

....

....

소그룹 나눔 7. **자녀가 좋아하는 부모가 되라**

---

1. 부모가 된다는 것이 당신에게는 어떤 의미인가요? 결혼 후 출산에 대한 부담감이 있다면 무엇인가요?

2. 자녀로 인해 가장 불안해하는 것은 무엇인가요? 실제로 일어날 일에 대한 불안인가요? 혹시 일어나지 않을 일을 미리 불안해하는 것은 아닌가요?

3. 자녀 양육으로 인한 당신의 기쁨은 무엇인가요? 자녀를 양육할 때 가장 힘든 것은 무엇인가요?

4. 당신과 배우자는 훈육에 대해 같은 뜻을 갖고 있나요? 훈육에 대해 조율할 것이 있다면 무엇인가요? 훈육 과정에 배우자나 자녀에게 상처를 준 일은 없나요?

5. 하나님이 당신의 자녀의 주인이고 인도자라는 말을 들으면 어떤가요?

6. 부모와 자녀의 좋은 관계를 위해 어떤 노력을 하고 있나요? 자녀가 엄마, 아빠를 좋아하고 있나요?

7. 자녀가 감정을 표현할 때 그 감정을 수용하고 존중해 준 경험이 있나요?

8. 자녀와 편안하게 대화하기 위해 어떤 노력이 필요한가요?

부부 대화 부부가 서로 마주 보고 대화하세요.

내가 당신에게 감사한 것은 ....

....

부부 데이트 자녀들에게 어떤 부모로 기억되기를 원하나요?
그런 부모가 되기 위해 어떤 노력이 필요한가요?

....

....

....

분명한 규칙이
가정의 내일을 만든다

---

1. 당신의 삶에 후회가 되었던 사건과 시간은 언제였나요? 만일 다시 돌아간다면 어떻게 하고 싶은가요? 결혼 생활을 후회하지 않고 잘하기 위해 성장해야 할 부분은 무엇인가요?

2. 당신은 배우자와의 갈등 시 어떻게 문제를 해결했나요?

3. 부부 갈등 후 자신의 내면을 본 적이 있나요? 당신의 내면은 어떠한가요?

4. 부부 싸움의 건강한 규칙을 정하고 나누어 보세요.

5. 결혼 생활에서 가장 따뜻했던 경험을 떠올린 후 가족만의 어떤 역사가 있었는지 나누어 보세요.

6. 함께하면 좋을 부부 데이트는 무엇이 있나요? 지난 1년을 돌아보면서 부부가 함께했던 가장 즐거운 데이트와 활동은 무엇이었는지 나누어 보세요.

7. 서로에게 후회하지 않는 삶을 살기 위해 당신이 현재 결혼 생활에서 실천할 수 있는 것은 무엇인가요?

8. 부부가 함께 살면서 서로 용서할 수 있는 마음의 근력이 있다면 결혼 생활은 어떨까요?

부부 대화 부부가 서로 마주 보고 대화하세요.

내가 당신에게 감사한 것은 ....

....

부부 데이트 부부가 (아이들과) 함께했던 좋은 추억을 나누고, 앞으로 가족과 함께하고 싶은 일들을 계획해 보세요.

....

....

....